ROWOHLT
BERLIN

Reinhard Steinlein

Die gottlosen Jahre

Rowohlt · Berlin

1. Auflage März 1993

Lektorat: Thomas Karlauf
Umschlag- und Einbandgestaltung: Walter Hellmann
Umschlagfoto: Sybille Bergemann / Agentur Ostkreuz
Foto des Autors: Roger Melis
Satz aus der Iridium (Linotronic 500)
Gesamtherstellung: Clausen & Bosse, Leck
Printed in Germany
ISBN 3 87134 069 3

Inhalt

Die Grundfrage

Die gottlosen Jahre – ein merkwürdiger Buchtitel. Es handelt sich um die Jahrzehnte, in denen eine radikal atheistische und somit ihrem Selbstverständnis nach gottlose Partei in der einstigen DDR das gesamte Leben zu durchdringen suchte. Es war eine Zeit der verordneten Gottlosigkeit, aber waren es wirklich gottlose Jahre? Hat der Staat tatsächlich sein Ziel erreicht? Die Beantwortung dieser Frage hängt ganz davon ab, von welchem Standort aus wir urteilen.

Die Diskussion um den Weg der evangelischen Kirche in der einstigen DDR will nicht zur Ruhe kommen. Sie hat sich besonders an dem Streit um die Beurteilung von Manfred Stolpe entzündet. Manche sehen in ihm eine Integrationsfigur für den Osten Deutschlands, andere verurteilen ihn wegen seiner Beziehungen zur Stasi. Es wäre schlecht, wenn diese Diskussion sich in tages- oder parteipolitischem Gezänk verlieren würde. Es geht nämlich um mehr als nur um eine Personalfrage. Hier bricht ein Thema auf, bei dem sich Probleme der Menschen in den vierzig Jahren totalitärer Herrschaft besonders gut verdeutlichen lassen.

Ist es nicht besser, wird manch einer fragen, Vergangenes auf sich beruhen zu lassen, um entschlossen einen gemeinsamen Weg für die Zukunft zu suchen? Sicher wäre es fatal, wenn das Wühlen in der Vergangenheit nur der Selbstrechtfertigung diente oder gar dazu, alte Rechnungen zu begleichen. Und ob sich Vergangenheit «bewältigen» läßt, ist ohnehin fraglich. Aber auch wenn es stimmt, daß aus der Geschichte keine Lehren gezogen werden, muß sie hinterfragt werden; es wäre Ausdruck eines nihilistischen Denkens, auf die Aufarbeitung der Geschichte verzichten zu wollen. Gerade für Christen ist das Ausweichen keine Möglichkeit, weil sie in besonderer Weise von der Bedeutung der Geschichte wissen. «Vergebung», ein zentrales christliches Wort, kann erst da wirksam werden, wo konkrete Schuld *er*kannt und *be*kannt ist. Die Beschäftigung mit Vergangenem kann fruchtbar werden, wenn sie der Klärung des weiteren Weges dient.

Die Haltung der evangelischen Kirche in den Zeiten der Diktatur ist nach der Wende zunächst überwiegend positiv gewertet worden. War die Kirche nicht in den Jahren der Unterdrückung ein Hort der Freiheit, galt sie nicht als einzige Organisation, die nicht voll im Griff des Staates war? Hat sie nicht den oppositionellen Kräften Dach und Schutz für deren Wirken geboten? Und wie erklärt es sich, daß in der Zeit der «Runden Tische» kirchliche Persönlichkeiten eine so herausragende Rolle spielten?

Dieses positive Bild hat inzwischen eine kräftige Trübung erfahren. Es sieht so aus, als sei die evangelische Kirche insgesamt doch stärker mit dem untergegangenen Regime verquickt gewesen, als man erst dachte. Verheerend wirkten sich Enthüllungen aus über intensive und langjährige Kontakte von leitenden Kirchenleuten zum Staatssicherheitsdienst. Hierdurch ist eine Atmosphäre gegenseitiger Verdächtigungen entstanden, die den Blick auf die eigentlichen Probleme verstellt. Schuld daran ist in erster Linie die einseitige Beschäftigung mit dem Thema «Kirche und Stasi», das zu einer Verengung der Betrachtungsweise führte. Die Stasi war aber nicht «ein Staat im Staate», sondern Instrument der herrschenden Partei. Diese war Trägerin des ganzen Systems und beherrschte den Staatsapparat bis in die letzten Verästelungen hinein. Ihr Anspruch war ein totaler, totalitärer: «Die Partei hat immer recht.»

In diesem Buch soll es nicht um Teilaspekte gehen, also nicht um die Frage, ob dieser oder jener Kirchenmann Kontakte zur Stasi hatte oder dergleichen. Es soll vielmehr der Versuch unternommen werden, Grundsatzfragen zu bedenken, die sich beim Rückblick auf den Weg der Kirche in den letzten Jahrzehnten ergeben. Es geht um die Frage: Wie halten wir es mit dem ersten der Zehn Gebote, das da lautet: «Du sollst nicht andere Götter haben neben mir»? Wenn wir diese Grundfrage gründlich angehen wollen, müssen wir zur gerechten Beurteilung des Weges der Kirche in der DDR ein wenig ausholen.

Was ist die Aufgabe einer Kirche in dieser Welt? Kann sie sich von politischen Dingen fernhalten und es sich leisten, nur für den einzelnen und sein persönliches Verhältnis zu Gott dazusein? Was heißt konkrete Verkündigung des Wortes Gottes in das Leben hinein? Und wenn man die Frage bejaht, daß die Kirche eine Aufgabe in Staat, Volk und Gesellschaft habe, dann muß auch gefragt werden, wie das praktiziert werden soll. Muß es immer eine – wenn auch kritische – Solidarität sein, oder ist unter Umständen einem entarteten Staat gegenüber Widerstand geboten? Und wie soll der aussehen, wo doch die Kirche weder eine politische Partei noch gar eine subversiv arbeitende Widerstandsorganisation, die «Fünfte Kolonne Gottes» sein kann? Kurz: Was heißt «geistlicher Widerstand»?

Über diese und ähnliche Fragen hat es nicht erst in den vier Jahrzehnten des Bestehens der DDR auf allen Ebenen des kirchlichen Lebens intensive und oft leidenschaftliche Diskussionen gegeben. Bereits 1933 war in der evangelischen Kirche ein heftiger Streit darüber entbrannt, wie die

Kirche ihr Verhältnis zum Staat zu gestalten habe. Und damals wie heute gab es nicht *eine* Meinung, von der man sagen könnte: Das ist *die* Richtung der Kirche. In der Diskussion über den «Fall Stolpe» hat es sich mitunter freilich so dargestellt: auf der einen Seite die amtliche Kirche, geprägt von positiver Einstellung zur Staatsmacht und ihr gegenüber zu nachgiebig; auf der anderen Seite die radikal oppositionellen «Gruppen», die zwar den Schutz der Kirche gern in Anspruch nahmen, im übrigen aber zum christlichen Glauben oft nur ein distanziertes Verhältnis hatten. Aber zwischen «Schönherr» und «Bohley» gab es ein breites Meinungsspektrum.

Da waren zum Beispiel die lutherisch geprägten Konservativen, denen ich mich zurechne. Uns ging die Anpassungsbereitschaft vieler führender Kirchenvertreter zu weit, aber auch regimekritische Gruppen, die zu einem großen Teil linken Utopien nachhingen, behagten uns nicht. Daß man weder in der DDR selbst noch im Westen von dieser zahlenmäßig nicht kleinen «Fraktion» so wenig gehört hat, ist zum einen darauf zurückzuführen, daß es für sie kaum Möglichkeiten gab, in die Öffentlichkeit hineinzuwirken. Die Presse und andere Medien waren diesen Stimmen verschlossen. Selbst mit der kirchlichen Presse gab es Schwierigkeiten, nicht nur weil die Redaktionen Vorsicht gegenüber möglichen staatlichen Zensurmaßnahmen walten ließen, sondern auch weil sie meist einen einseitigen kirchenpolitischen Kurs steuerten.

Es gab jedoch noch einen anderen Grund, der die innerkirchliche Opposition in ihrem Wirken hemmte. Die Bedrohung durch den gemeinsamen Gegner förderte bei uns das Gefühl, am Ende doch in einem Boot zu sitzen. Die Notwendigkeit, anständig miteinander umzugehen, wurde durch die Überzeugung vertieft, demselben Herrn und derselben

Sache zu dienen. Dennoch haben die Kreise, die mit der Floskel «Kirche im Sozialismus» nicht einverstanden waren, immer wieder und auf vielfältige Weise ihren Standpunkt artikuliert. Möglichkeiten für die Pfarrer boten Konvente und Synoden, Predigten und Vorträge, aber auch Gespräche mit Staatsvertretern. Freie Zusammenschlüsse konfessionell geprägter Lutheraner waren u. a. das «Lutherische Einigungswerk», die «Bekennende Kirche Sachsens» und die «Lutherische Arbeitsgemeinschaft Berlin-Brandenburg».

Bei der Diskussion über das Verhältnis von Staat und Kirche in der einstigen DDR werden meistens nur die letzten Jahre vor der Wende von 1989/90 betrachtet. Es muß aber die gesamte Zeit seit 1945 gesehen werden, ja auch die davor liegende Epoche, die ebenfalls vom Totalitarismus bestimmt war. Die Zahl der Zeitzeugen nimmt ab. Es sollten die noch Lebenden gehört werden, die bereits in den ersten Jahren der kommunistischen Herrschaft an maßgebender Stelle im kirchlichen Bereich tätig waren und die Höhen und Tiefen der Auseinandersetzung mit dem Staat über vierzig Jahre verfolgten.

In diesem Sinne verstand ich die an mich gerichtete Bitte, über den Weg der evangelischen Kirche in der DDR zu schreiben. Als Pfarrer in Fürstenwalde und 27 Jahre als Superintendent der Kirchenkreise Finsterwalde und Nauen, als Konsistorialrat in Berlin (1952–63) und von 1963 bis 1978 als Mitglied der Kirchenleitung von Berlin-Brandenburg, ferner 24 Jahre als Vorsitzender des Konfessionskundlichen Arbeitswerkes in der DDR (Evangelischer Bund), hatte ich reichlich Gelegenheit, den Weg meiner Kirche zu beobachten und im Rahmen meiner Möglichkeiten mitzugestalten. Besonders das Amt des Superintendenten, in dem man einen Kirchenkreis verwaltet und zugleich Pfarrer einer Gemeinde ist, bot mancherlei Möglichkeiten, die Kirche «von unten» und «von oben» kennenzulernen.

Diesem Buch liegen viele persönliche Erlebnisse und Begegnungen zugrunde. Es bietet eine subjektiv geprägte und insofern parteiliche Darstellung der Dinge, wobei ich mich allerdings bemüht habe, auch denen gerecht zu werden, deren Meinung ich nicht teile. Es ist keine Abrechnung, sondern das spontan niedergeschriebene Bekenntnisbuch eines bewußten Lutheraners. Wo meine Darlegungen angreifbar sind, muß ich bereit sein, mich kritischen Fragen zu stellen. Kriterium ist das Wort Gottes.

Es wird in diesem Buch unter anderem eine denkbare Alternative zu dem Weg diskutiert, den führende Kreise der evangelischen Kirche in Ostdeutschland für unausweichlich hielten und der in einer – auch innerlichen – Bejahung der DDR endete. Dabei beschränke ich mich nicht auf den sicher notwendigen historischen Rückblick. Die Probleme von gestern werden – wenn auch in anderer Weise – heute und morgen wieder auf uns zukommen. Das Verhältnis Staat–Kirche bleibt eine stets aktuelle Frage. Die Gefahr, durch Teilhabe an der Macht korrumpierbar zu sein, darf nie aus dem Auge verloren werden. Vielleicht können die speziellen Erfahrungen der Kirche in der einstigen DDR – auch die negativen – für die Gesamtkirche an einigen Punkten sich als Orientierungshilfe erweisen.

I Schwieriger Neuanfang

Den 8. Mai 1945, den Tag des Endes der nationalsozialistischen Herrschaft, erlebte ich als amerikanischer Kriegsgefangener und Lagerpfarrer in der Bretagne. Es war eine schwere Zeit, und die Gottesdienste fanden starken Zulauf, weil die Männer innerlich aufgewühlt waren. Bis Anfang Mai gab es in den Lagern noch viele überzeugte Nationalsozialisten, die den Dienst der Pfarrer als Provokation empfanden. Am 8. Mai aber entfernten viele Gefangene die Hoheitszeichen von den Uniformen und verweigerten ihren Vorgesetzten den Gruß. Das veranlaßte den für uns zuständigen amerikanischen Militärpfarrer zu der Bemerkung: «Da sieht man es, die Deutschen haben keinen Charakter. Kaum tritt eine Wende ein, ist alles Bisherige vergessen!» Dieser Satz ist mir später oft durch den Sinn gegangen.

Es gab unter den Deutschen von damals freilich nicht nur Opportunisten, sondern durchaus ehrliche – wenn auch irrende – Menschen. Für sie bedeutete die deutsche Kapitulation den Absturz in ein tiefes Loch. Die nationalsozialistische Weltanschauung, die vielen zu einer Art Religionsersatz geworden war, zerbrach, und angesichts dieses kläglichen Scheiterns ihrer Ideale drohten sie in den Nihilismus abzusacken. Nicht wenige von ihnen haben in dieser Phase den Weg zum christlichen Glauben gefunden, und für uns Pfarrer gab es damals viele in die Tiefe gehende Gespräche. Die Frage, warum es nach 1989 in einer ähnlichen geistigen Umbruchsituation bei weitem keine so starke Hinwendung zum Glauben gegeben hat, führt uns ins Zentrum des vorliegenden Buches.

Es ist zunächst ein Unterschied, ob eine totalitäre Partei mit ihrer Weltanschauung zwölf Jahre oder mehr als vierzig Jahre auf ein Volk einwirken kann. Hinzu kam die extreme Kriegssituation, die zwar in vielen Menschen den Glauben erschütterte, andere aber dafür um so empfänglicher für Glaubensfragen machte. Der Krieg lehrte nicht nur fluchen, sondern auch beten. Vierzig Jahre Tristesse des DDR-Alltags haben diese Wirkung wohl nicht ausgelöst. Und ein weiterer Unterschied: Der Nationalsozialismus war zwar äußerst kirchenfeindlich und lehnte die Kernsätze christlichen Glaubens ab, vermied aber einen direkten Angriff auf den Gottesglauben. Der Marxismus-Leninismus dagegen sah den Atheismus als ein Kernstück seiner Weltanschauung an, das zielbewußt zu propagieren sei. Der zunächst nur verordnete Atheismus ist im Laufe der Jahre bei vielen Menschen in ihr Innerstes eingedrungen.

Sicher sind zwei weltgeschichtliche Erscheinungen niemals deckungsgleich. Dennoch sind in diesem Fall die Parallelen zwischen Nationalsozialismus und Kommunismus verblüffend. Es handelte sich hier wie dort um die Diktatur einer Partei, die den unbedingten Herrschaftsanspruch erhob und deren Weltanschauung als unfehlbar angesehen wurde. Die christliche Kirche galt aus gutem Grund als einer der gefährlichsten Gegner. Die Strategie den Kirchen gegenüber bestand beide Male darin, eine brutale Ausrottungspolitik zu vermeiden, statt dessen die Kirchen in ein Ghetto zurückzudrängen und mit Hilfe von Kollaborateuren zu spalten, was ja nicht ganz vergeblich blieb.

Als 1946 meine Entlassung aus der Kriegsgefangenschaft bevorstand, erklärte ich, in die Sowjetische Besatzungszone gehen zu wollen. Das stieß auf mancherlei Unverständnis, zumal damals kaum eine Möglichkeit bestand, legal in die Ostzone zu gelangen. So kam ich zunächst nach Württemberg. Boten sich dort für einen Pfarrer nicht viel bessere Arbeitsmöglichkeiten? Wäre es nicht richtig gewesen, zunächst dortzubleiben und abzuwarten? Ich wollte sofort in den Osten, weil ich damals bereits Pfarrer einer Landeskirche war, deren größter Teil im sowjetischen Besatzungsbereich lag. Außerdem war ich überzeugt, daß die Menschen im Osten Deutschlands den Dienst der Kirche allein schon wegen des Pfarrermangels in ganz besonderer Weise brauchten. Darum bin ich auch nach meiner Pensionierung und bis heute im Osten geblieben. In diesem Zusammenhang möchte ich erwähnen, daß meine Frau mich in diesen Entscheidungen immer unterstützt hat. Sie stammt aus Schlesien, war 1946, in den Tagen meiner Entlassung aus der Kriegsgefangenschaft, im Westen gelandet und folgte mir sofort in meine Pfarrstelle in Fürstenwalde.

Da ich gerade bei diesen persönlichen Dingen bin, will ich hervorheben, wie dankbar ich meinen Eltern stets war, daß sie mir rechtzeitig die Augen für die Gefahren des Nationalsozialismus geöffnet haben. Meine Mutter, eine freiheitsliebende französische Schweizerin, und besonders mein Vater, ein preußischer Konservativer, haben bald nach 1933 klar gesehen, daß es sich beim sogenannten «Dritten Reich» um einen Unrechtsstaat handelte. 1935, kurz vor meiner Konfirmation durch einen Pfarrer der Bekennenden Kirche in Berlin-Friedenau, entschied ich mich endgültig, Pfarrer zu werden. Ich sagte ausdrücklich, daß nicht Hitler, sondern Jesus mein Führer sein sollte. Schon damals ging es um die Frage des ersten Gebotes, und so war mir schon früh klar, daß der christliche Glaube auch eine durchaus kämpferische Seite hat.

Nach wenigen Tagen in Württemberg konnte ich mich

einem Transportzug des Roten Kreuzes nach Berlin anschließen, der mit entlassenen Kriegsgefangenen gefüllt war. Gleich hinter der Zonengrenze kam es zu einem Halt, bei dem alle ehemaligen Offiziere aus dem Zug geholt und in sowjetische Kriegsgefangenschaft übernommen wurden, obwohl sie gültige amerikanische Entlassungspapiere vorweisen konnten. In Berlin meldete ich mich im Konsistorium zurück, bei dem ich als vermißt gegolten hatte. Ich wurde gebeten, in eine freie Pfarrstelle nach Fürstenwalde zu gehen, weil der dortige Superintendent «besonders laut um Hilfe schrie».

Drei Tage nach meinem Dienstantritt erlebte ich einen Empfang aller Pfarrer des Bereiches beim sowjetischen Stadtkommandanten. Es ging sehr höflich zu. Auch meine erste Begegnung mit Funktionären verlief in recht moderater Weise. Dennoch war der Anfang im schwer zerstörten und massenweise von Russen besetzten Fürstenwalde nicht leicht. Das Pfarrhaus war von Leuten bewohnt, die man nicht herausdrängen konnte. Mit Frau und Mutter mußte ich zunächst ein kleines Dachstübchen teilen. Für die Arbeit als Pfarrer bot sich jedoch ein weites Feld.

Als im Frühjahr 1945 die Russen kamen, hatte man befürchtet, daß sie die kirchliche Arbeit womöglich rigoros behindern würden. Dem war jedoch nicht so, im Gegenteil, die Kirche wurde als antifaschistische Kraft gewertet. Das war ja die Parole in den ersten Jahren: antifaschistische Einheitsfront! Wohl kam es ganz zu Anfang da und dort vor, daß ein sowjetischer Kommandant vom Pfarrer die Einreichung seiner Predigt verlangte. Aber bald hatten die oft intelligenten Kulturoffiziere begriffen, daß eine evangelische Kirche, in der die Predigt eine besondere Rolle spielt, anders zu behandeln sei als die russisch-orthodoxe Kirche mit ihren meist rein liturgischen Gottesdiensten. Es ist allerdings auch vorgekommen, daß unliebsame Pfarrer einfach verschwanden, ohne daß ein Grund zu erkennen gewesen wäre. Ein Pfarrer bei Fürstenwalde kam von einem Gang zwischen zwei Gemeinden nicht zurück und ist niemals mehr gesehen worden. Dennoch ist die Tatsache festzuhalten, daß den Russen unmittelbar nach der Kapitulation sehr daran lag, daß überall Gottesdienste gehalten wurden. Auf diese Weise sollte unterstrichen werden, daß wieder so etwas wie Normalität in das Leben einziehen würde.

Auch als ich mein Amt antrat, gab es für die kirchliche Arbeit noch Freiheiten, die erst in der späteren SED-Zeit zunehmend eingeengt wurden. Als Pfarrer konnte ich damals ungehindert in das Untersuchungsgefängnis und jederzeit in das Krankenhaus, auch in das große Heimkehrer- und Quarantänelager, durch das Tausende von entlassenen Kriegsgefangenen und deutschen Zivilpersonen aus der Sowjetunion geschleust wurden. Hier war der Hunger nach Gottes Wort besonders groß. Solche Mengen von Gottesdienstbesuchern wie damals habe ich nie wieder erlebt. In der Gemeinde schien das volkskirchliche Leben ungebrochen zu sein. In jedem Jahrgang hatte ich etwa 180 Konfirmanden, also fast alle in Frage kommenden evangelischen Jugendlichen. Die meisten Beerdigungen, die damals in großer Zahl gehalten werden mußten, fanden unter kirchlichem Geleit statt, und das in einer Industriestadt, die früher immer als rot gegolten hatte.

Die Probleme des kirchlichen Neuaufbaus nach dem Zusammenbruch waren natürlich nur unter enormen Schwierigkeiten zu bewältigen. Ich denke zum Beispiel an die Instandsetzung der unzähligen beschädigten oder zerstörten Gebäude in einer Situation, wo es an allem fehlte, an Material, Geld und Arbeitskräften. Auch mußten völlig neue Einrichtungen geschaffen werden. Nach der Abschaffung des

Religionsunterrichtes an den Schulen galt es, in eigener Regie Katecheten auszubilden, um in den Gemeinden «Christenlehre» durchführen zu können. Sie mußte nachmittags, frühestens zwei Stunden nach der letzten Schulstunde, erfolgen. Die Sammlung der Kinder war ein mühseliges Geschäft.

Besonders drückend waren die finanziellen Probleme. Der Einzug der Kirchensteuer mit Hilfe der Finanzämter war nicht mehr möglich, und so mußten eigene kirchliche Verwaltungsämter aufgebaut werden. Was sich da noch Kirchensteuer nannte, war im Grunde nichts anderes als ein freiwilliger Mitgliedsbeitrag. Damals schon und erst recht in den folgenden Jahrzehnten wäre ohne die kräftige finanzielle Hilfe durch die westdeutschen Landeskirchen die Arbeit im Osten kaum aufrechtzuerhalten gewesen. Die Pfarrergehälter lagen auf einem äußerst niedrigen Niveau, und andere kirchliche Mitarbeiter waren oft noch wesentlich schlechter gestellt. Diese Beispiele mögen genügen, um zu verdeutlichen, unter welchen äußeren Bedingungen der Neuanfang vonstatten ging.

Auch der geistige Neuanfang stand im Zeichen des Wiederaufbaus: Wo konnte man, wo sollte man anknüpfen? Man hat die Jahre nach 1945 oft kritisch als Zeit der kirchlichen Restauration bezeichnet und nennt in diesem Zusammenhang gern den Namen des damaligen Berliner Bischofs Dibelius. Ja, es gab viel zu restaurieren. In der Hitlerzeit, in der vielerorts die regimefreundlichen «Deutschen Christen» das Sagen gehabt hatten, war viel kaputtgegangen. Es waren teilweise chaotische Zustände eingerissen, und vielerorts wurde selbst die in Jahrhunderten gewachsene Gottesdienstordnung nicht mehr respektiert. Kirchenverfassungen und Grundordnungen wurden in den einzelnen Landeskirchen beschlossen. Dem Staat gegenüber mußte klargestellt werden, daß die Kirche ihre Dinge auch weiterhin selbständig regelte. 1948 war nach langwierigen Verhandlungen ein gesamtdeutscher föderativer Zuammenschluß zustande gekommen, der sich «Evangelische Kirche in Deutschland» nannte (EKD). Das wurde allerseits als ein wirklicher Fortschritt empfunden.

In dieser Ausgangslage befanden sich die ostdeutschen evangelischen Landeskirchen, als sich mit Gründung der DDR im Verhältnis von Staat und Kirche eine Verschärfung der Situation abzeichnete. Gegenüber anderen Ländern des kommunistischen Machtbereiches genossen wir den Vorteil, bereits Erfahrungen in der Auseinandersetzung mit einem totalitären Regime gesammelt zu haben. Und noch konnte man von einem starken inneren Zusammenhalt der Pfarrkonvente und der kirchlichen Mitarbeiterschaft sprechen. Aber damals schon zeigten sich die ersten Ansätze von Spannungen, die später weitgehende Konsequenzen nach sich ziehen sollten.

In diesen Jahren war Otto Dibelius für viele evangelische Christen zu beiden Seiten des Eisernen Vorhangs Symbol- und Integrationsfigur ihrer Kirche. Ich habe ihn von 1952 bis 1961 in den von ihm geleiteten wöchentlichen Sitzungen von Konsistorium und Kirchenleitung gut kennengelernt. Das Konsistorium ist das leitende Verwaltungsorgan der Kirche, während die Kirchenleitung als «Aufsichtsrat» mehr für Grundsatzentscheidungen zuständig ist. Vielen galt Dibelius als Kirchenfürst alten Stils, selbstbewußt und autoritär. Mir dagegen ist aufgefallen, daß er ein Mann von großer Toleranz war. «Anständigkeit» spielte bei ihm eine große Rolle. Oft hat er gerade Andersdenkende bewußt gefördert, weil er unter allen Umständen fair bleiben wollte. Man hat an ihm kritisiert, daß er, 1880 geboren, in vielen

Dingen – auch in seinen theologischen Ansichten – ein Kind des 19. Jahrhunderts geblieben sei. Das ist insofern richtig, als er ein Mann von umfassender Bildung und vielseitigem Wissen war, insbesondere seine Geschichtskenntnisse waren erstaunlich. Dann hatte Otto Dibelius die Gabe, eindringlich und einprägsam zu predigen, und er verstand es, Menschen verschiedener Herkunft in gleicher Weise mit seinen kurzen, klaren Sätzen anzusprechen. Außerdem konnte man bei ihm lernen, ein Leitungsamt souverän und großzügig wahrzunehmen. Von 1925 an war er Generalsuperintendent der Kurmark gewesen. Gleich 1933 war er bei den Nationalsozialisten in Ungnade gefallen, und so gehörte er zu den ersten abgesetzten Kirchenführern.

Bereits im Mai 1945 hatte Dibelius die Bildung einer bekenntnistreuen Kirchenleitung in die Hand genommen. Er nahm die Amtsbezeichnung «Bischof» an, nicht nur weil das auf die Russen mehr Eindruck machte als das sehr preußisch klingende Wort Generalsuperintendent, sondern auch weil der altkirchliche Titel seinen Vorstellungen von diesem Amt besser entsprach. Für ihn war ein Bischof nach lutherischem Verständnis im Prinzip nichts anderes als ein Pfarrer, dessen Zuständigkeitsbereich sich allerdings nicht auf einen Pfarrsprengel, sondern auf die ganze Landeskirche erstreckt. Diesen Vorgang nahmen die Dibelius-Kritiker später zum Anlaß, um den alten Bischof herabzusetzen. Dabei war es sein einziges Anliegen gewesen, den Russen zuvorzukommen und ihnen eine kirchlich legitimierte Leitung vorzustellen, ehe sie selbst einen Versuch unternehmen konnten, ihnen genehme Leute an die Spitze der Kirche zu bringen. Es lag dem Bischof daran, die Kontinuität der Kirche aus der Zeit vor 1933 zu dem Neuanfang nach 1945 zu betonen. Das entsprach seinem konservativen Denken und Empfinden.

Konservativ war Dibelius nicht nur im Hinblick auf zentrale Glaubensinhalte, die für ihn unumstößlich waren, sondern auch hinsichtlich so weltlicher Begriffe wie Ehe, Familie, Heimat oder Nation. Dabei war Dibelius nicht aus Prinzip rückwärtsgewandt, und er war auch nicht geneigt, das Vergangene immer für das Bessere zu halten. Er hatte einen praktischen Blick für neue Situationen und neue Erfordernisse und war immer darauf bedacht, daß die Kirche in ihrem missionarischen Dienst sich neuer Arbeitsformen unter Ausnutzung aller technischen Möglichkeiten bedient. Die damals aufblühende Kirchentagsarbeit fand in ihm einen kräftigen Förderer.

Otto Dibelius ist oft als verbissener Antikommunist hingestellt worden, mit dem die DDR-Führung natürlich nicht habe verhandeln können. Tatsache ist, daß er in den ersten Jahren durchaus Gespräche mit leitenden Repräsentanten der DDR geführt hat, etwa mit Wilhelm Pieck, Otto Grotewohl oder Albert Norden. Wer den Bischof in seiner diplomatischen und zugleich freundlichen Art kannte, wird nicht daran zweifeln, daß die Gespräche bei aller Schärfe der Gegensätze in einer erträglichen Atmosphäre verliefen. Antikommunist war er – wie alle, die dem Totalitätsanspruch dieses Systems sich nicht beugen wollten. Aber bevor ich *gegen* etwas bin, muß ich wissen, *wofür* ich bin. Dieses Positive trat bei Otto Dibelius immer klar hervor.

Otto Dibelius war nicht nur Bischof seiner Landeskirche, sondern einer der Gründerväter der EKD und deren Vorsitzender in den Jahren nach 1948, zugleich für mehrere Jahre einer der Präsidenten des Weltkirchenrates. Er verstand es, ökumenischen Geist und das feste Verwurzeltsein in der eigenen Konfession miteinander zu verbinden. Bereits in seinen vor 1933 erschienenen Büchern hatte er einen klaren Blick für sich anbahnende Probleme bewiesen. Die Liebe, die er zu seiner Kirche trotz ihrer Schwächen empfand, stieß bei schlichten Gemeindegliedern oft mehr als bei Theologen auf ein dankbares Echo. Prägend wirkte Otto Dibelius indirekt auch durch den Widerspruch, der sich an ihm entzündete.

Einer, an dem sich ein Großteil des Widerspruchs gegen den Bischof personifizieren ließ, war Martin Niemöller. Durch viele mutige Äußerungen und durch seine achtjährige KZ-Haft als «persönlicher Gefangener» Hitlers war Martin Niemöller über die Grenzen hinaus zu einer Symbolfigur des kirchlichen Widerstandes gegen den NS-Staat geworden. Als Schüler habe ich gern seine Predigten in Berlin-Dahlem gehört, wobei ich mich des Gefühls nicht erwehren konnte, daß hier einer sprach, der bei aller Ernsthaftigkeit seiner Bibelauslegung eine gewisse Freude an der Provokation empfand. Bei vielen Hörern freilich hatte man den Eindruck, daß sie nur wegen der in die Predigt eingestreuten kritischen Sätze gegen die Machthaber in die kleine Dorfkirche gekommen waren.

Dibelius und Niemöller sind oft als Kontrahenten empfunden worden und sahen sich wohl selbst so. Dabei gab es zwischen ihnen nicht nur wegen der gemeinsamen Zugehörigkeit zur Bekennenden Kirche viel Gemeinsames. In erster Linie wäre natürlich der stark christusbezogene Glaube zu nennen. Zu erwähnen wäre auch, daß beide Männer von preußischer Tradition geprägt waren. Man konnte sie auch als Patrioten im guten Sinne des Wortes bezeichnen. Nur haben sie aus dieser gemeinsamen Grundeinstellung verschiedene Konsequenzen gezogen.

Das hing vielleicht mit der unterschiedlichen Biographie zusammen. Der erfolgreiche U-Boot-Kommandant des Ersten Weltkrieges wurde zunehmend zum Kritiker eines übersteigerten Nationalismus. Besonders zuwider war ihm der

Versuch der «Deutschen Christen», den christlichen Glauben im Sinne einer neuheidnischen Weltanschauung umzufunktionieren. Nach 1945 entwickelte er sich zum Pazifisten. Interessant ist dabei eine seiner frühesten Begründungen für den Widerstand gegen die Aufstellung von Armeen in beiden Teilen Deutschlands: «Deutsche dürfen nicht auf Deutsche schießen.» Das war noch ein situationsbedingter Pazifismus nationaler Färbung; später ging es dann mehr um «Atompazifismus».

Niemöller gehörte zu den ersten, die für ein neutralisiertes Gesamtdeutschland eintraten. Zur Politik der gerade entstandenen Bundesrepublik und besonders zu Adenauers Westintegration stand er äußerst kritisch. Damals machte das Wort die Runde, die Bonner Republik sei «im Vatikan gezeugt und in Washington geboren». Als Pastor war für Niemöller die Frage nach der deutschen Schuld von großem Gewicht. Er hatte die Sorge, daß seine Kirche sich nicht ernsthaft genug mit diesem Problem auseinandersetzte. Überhaupt vermißte er eine radikale Reformbereitschaft. Auf das Darmstädter Schuldbekenntnis komme ich in anderem Zusammenhang noch zurück.

Während Niemöller die westdeutsche Politik beständig kritisierte, urteilte er über die Entwicklung hinter dem Eisernen Vorhang auffallend positiv. Seine Kritik an den Zuständen im kommunistischen Machtbereich war äußerst zurückhaltend. Im Jahre 1955 hatte ich bei einer Rüstzeit von hessischen Studenten in Anwesenheit Niemöllers über die kirchliche Lage in der DDR zu referieren. Ich sprach offen über die vorliegenden Schwierigkeiten und über die Notwendigkeit, daß die Kirche hierzu eine klare Position beziehen müsse. Niemöller widersprach meiner Sicht der Dinge und warnte vor einer zu negativen Bewertung der DDR. Ein Theologiestudent sagte dazu in der Diskussion unter lebhaftem Beifall, daß ein Pfarrer, der in der DDR wohnt und arbeitet, wohl kompetent sei, zu diesem Thema zu sprechen. Bei der anschließenden langen nächtlichen Autofahrt nach Wiesbaden saß ich neben Niemöller. Er sprach mit mir kaum ein Wort.

Noch ein dritter Mann muß genannt werden, wenn es darum geht, den Neuanfang der evangelischen Kirche nach dem Krieg zu beschreiben, ein Mann, der bereits in den dreißiger Jahren Weichen für den Weg der Kirche gestellt hatte: der Schweizer Theologe Karl Barth. Er hat eine ganze Generation von Kirchenleuten beeinflußt. Als ich 1946 aus der Kriegsgefangenschaft heimkehrte und mich bei meinem Berliner Konsistorium zurückmeldete, begrüßte mich Oberkonsistorialrat Kegel mit den Worten: «Hier herrscht nur noch Karl Barth. Alle Andersdenkenden gelten als Ketzer. Aber das dürfen Sie wissen: Die Füße derer, die ihn hinaustragen, stehen schon vor der Tür.» Und es bahnten sich tatsächlich neue theologische Entwicklungen an.

Worin nun lag die außerordentliche Bedeutung dieses Mannes, der auch mich beeindruckt hatte? Karl Barth vermittelte den jungen Studenten der Theologie das Gefühl, daß – ähnlich der Reformationszeit – eine neue Konzentration auf das Zentrum des christlichen Glaubens erfolge. Der Glaube an Christus wurde in den Mittelpunkt gestellt: ein siegesgewisser Glaube, der Christus als Herrn über alle Lebensbereiche sieht. Allen negativen Kräften gegenüber galt es, fröhliche Gelassenheit zu zeigen. An Martin Luther beanstandete Barth bei aller Verehrung, daß er zu stark das Dunkle und Dämonische in dieser gefallenen Welt sehe, den Teufel als den «alt bösen Feind» zu ernst nehme und auch sonst einen typisch deutschen Zug zum Irrationalen zeige.

Überhaupt mußte mancher Bewunderer Karl Barths im

Laufe der Jahre feststellen, daß er die deutsche, speziell die preußische Geschichte zunehmend unfreundlich beurteilte. Nicht ganz frei war er auch von der sehr vereinfachenden Schau, die eine gerade Linie von Luther über Friedrich den Großen und Bismarck zu Hitler zieht. Der strenge theologische Denker erwies sich als ein parteilich argumentierender Politiker. Barth war in seinen Anfängen von den religiösen Sozialisten beeindruckt gewesen und bekannte sich später zur sozialdemokratischen Partei. Verständlich wurde diese Entwicklung durch seine Erfahrungen in einer Arbeitergemeinde, aber auch durch seine kritische Einstellung gegenüber einem allzu behäbigen Schweizer Bürgertum. Als patriotischer Schweizer wiederum war er 1939 bereit, sein Vaterland mit der Waffe zu verteidigen. Daß er Deutschland 1935 verließ, weil er als Professor in Bonn keinen Eid auf Hitler leisten wollte, ist ihm hoch anzurechnen.

Ähnlich wie Niemöller übte auch Karl Barth viel Kritik am westlichen Nachkriegsdeutschland, während er in seinem Urteil über den Ostblock wesentlich milder gestimmt war. Stalin ist von ihm mehrfach als ein großer Mann bezeichnet worden. Hier zeigte sich eine politische Einäugigkeit, die sich auf viele seiner Anhänger vererbte. Ich will ein Beispiel aus dem Jahre 1958 geben. Damals hatte Karl Barth einen «Brief an einen Pfarrer in der DDR» geschrieben. Dieser Pfarrer – sein Briefpartner – hatte sehr deutlich von den Nöten gesprochen, die durch die atheistische Propaganda und durch die vielfältigen Behinderungen der kirchlichen Arbeit entstanden waren. Er bat den Baseler Theologen um Beratung. Barth mahnte zu heiterer Gelassenheit: Auch die kommunistische Welt stehe unter der Verheißung Christi. Es mag uns heute geradezu befremdlich erscheinen, aber Barth ging tatsächlich so weit, die DDR als «Gottes geliebte Ostzone» zu bezeichnen.

Auf den damals veröffentlichten und zur Diskussion gestellten Barth-Brief hat der Pfarrkonvent Finsterwalde am 11. März 1959 mit einem einmütig beschlossenen und von mir unterzeichneten Schreiben geantwortet, aus dem ich einige Sätze zitiere: «Wir können nicht verhehlen, daß bestimmte Teile Ihrer Ausführungen bei uns starken Widerspruch hervorrufen. Ihr Versuch uns gegenüber, dem atheistischen Ansturm mit einer fröhlichen Unbekümmertheit zu begegnen, kann zu dem Eindruck führen, daß Sie die Gefahr des bei uns durchgeführten Generalangriffs gegen den christlichen Glauben bagatellisieren. Unter Hinweis auf bestimmte atheistische Schriften werfen Sie die Frage auf, ob man mit ihnen wirklich dem lebendigen Gott und wirklich einem einzigen Menschen zu nahe treten könne. Aus unseren Erfahrungen in der Gemeindearbeit müssen wir feststellen, daß die mit deutscher Gründlichkeit durchgeführte atheistische Kampagne auf die Dauer nicht ohne schlimme Auswirkungen bleibt. Was wir zum Beispiel in vielen unserer Schulen erleben, kann nur als organisierter Seelenmord bezeichnet werden. Einem System gegenüber, das mit einer bisher nie erlebten Konsequenz seinen Totalitätsanspruch auf die Menschen zu verwirklichen trachtet, kann es im Namen Jesu nur entschlossenen geistlichen Widerstand geben.

Wir vermissen, hochverehrter Herr Professor, in Ihren Äußerungen zu dieser Frage die herzerfrischende Eindeutigkeit, mit der Sie in der Zeit des ‹Dritten Reiches› über die Notwendigkeit einer entschiedenen Haltung gesprochen haben. Vielleicht vermuten Sie hinter diesen Sätzen reaktionäre Ressentiments von Amtsbrüdern, die angesichts einer sich verändernden Welt kleingläubig nur auf kirchliche Selbstverteidigung bedacht sind. Wenn es lediglich darum ginge, für die kirchliche Arbeit einen bestimmten Raum zu retten, würden wir den Weg jener Kollaborateure gehen, denen es gelingen mag, sich durch Unterwerfung einen ruhigen umgrenzten Bereich der Kultusfreiheit zu erkaufen. Da es aber gerade nicht um die bloße Sicherung der äußeren Existenz der Kirche geht, sondern um das Heil der uns anvertrauten Menschen, müssen wir den klaren Weg mitgehen, den die Kirchenleitungen in der DDR bis zu dieser Stunde gegangen sind. Besser als in einem kurzen Brief ließe sich in freier Aussprache deutlich machen, was uns bewegt. Es würde uns viel bedeuten, wenn Sie auf einer Besuchsfahrt in die DDR sich in direkter Anrede an uns Pfarrer wenden könnten...»

Dieser Brief ist nie beantwortet worden. Wenn ich ihn heute wiederlese, freue ich mich, daß in eindringlicher Weise auf die Problematik hingewiesen wurde, die in ihrem Kern bis zum Untergang der DDR aktuell blieb.

Es gab noch einen weiteren Punkt, wo Barth und ein Großteil seiner Schüler das Denken in eine bestimmte Richtung lenkten: die Betonung der ganz besonderen deutschen Schuld. So wahr es ist, daß Schulderkenntnis und Buße für den Christen etwas Wesentliches sind, so nötig ist auch die Feststellung, daß sich Schuldgefühle politisch leicht instrumentalisieren lassen. Sollten die Deutschen sich fortan nur noch in Sack und Asche bewegen? Während das «Stuttgarter Schuldbekenntnis», an dessen Abfassung auch Dibelius mitgewirkt hatte, von dem Schmerz darüber sprach, daß die Christen in Deutschland nicht glaubensstärker der Herrschaft des Unrechts widerstanden hätten, meinte das «Darmstädter Wort über den politischen Weg unseres Volkes» vom 8. August 1947 deutlicher werden zu müssen. Es hieß dort: «Wir wollen uns heimrufen lassen von allen falschen und bösen Wegen, mit welchen wir als Deutsche mit unserem politischen Handeln und Wollen in die Irre gegangen sind.» Im einzelnen nannte das Wort das Bündnis der

Kirche mit den konservativen Mächten, die falsche soziale und weltanschauliche Frontenbildung des Kalten Krieges und die Weigerung, «die Mahnung des Marxismus» zu begreifen. Damit war offensichtlich die im 19. Jahrhundert von der Kirche nicht genug beachtete soziale Frage gemeint.

Forderungen dieser Art trugen dazu bei, in breiten Kreisen der evangelischen Kirche eine freundlichere Einstellung zum Marxismus zu begünstigen. Herausgestellt wurde auch, daß die Kirche aufgrund ihrer falschen Einstellung zur Arbeiterbewegung im 19. Jahrhundert mit der Kritik am Marxismus vorsichtig zu sein habe. Dadurch wurde die irrige Vorstellung erweckt, als stünde der sich etablierende «Arbeiter-und-Bauern-Staat» wirklich in der Nachfolge der Arbeiterbewegung. Spätestens das Verhalten der Arbeiterschaft am 17. Juni 1953 hätte den Blick für die wahre Situation schärfen müssen: Die SED war eine Funktionärspartei, niemals eine Arbeiterpartei.

Schuldbekenntnisse wie das Darmstädter Wort zeigten noch eine weitere Schwäche. Sie sprachen zuviel vom Vergangenen und den Sünden der Väter, während echte Schuldbekenntnisse mehr die Gegenwart und die persönliche Schuld des einzelnen im Blick haben. Die gefährliche Argumentation aber, die Kirche habe durch ihr Schweigen im «Dritten Reich» das Recht verwirkt, gegenüber den neuen Machthabern laut zu reden, konnte als Alibi für Leisetreterei herhalten. Eine andere Schlußfolgerung wäre richtig gewesen: Wir haben aus dem Versagen in der Vergangenheit die Lehre zu ziehen, daß wir in dem jetzigen totalitären Staat nicht erneut durch Schweigen schuldig werden dürfen.

Gab es in den Jahren nach 1945 in der evangelischen Kirche noch andere wirksame Kräfte als den Barthianismus?

Was zum Beispiel war aus dem Liberalismus geworden, der in früheren Jahrzehnten vielerorts in der Kirche eine beachtliche Rolle gespielt hatte? Ein Konsistorialrat sagte über einen älteren Pfarrer: «Man müßte ihn unter Naturschutz stellen, denn wo findet man heute noch einen echten liberalen Theologen?» Erst in späteren Jahren kamen Tendenzen der alten liberalen Theologie neu zum Zuge. Sie war in den Verdacht geraten, Kernsätze des Glaubens preiszugeben. Und wie war es auf der anderen Seite mit den alten «religiösen Sozialisten», für die etwa der Name Emil Fuchs stand? Noch viel stärker als bei Karl Barth wurde hier die Nähe von Christentum und Marxismus betont. Manche aus dieser Gruppe fanden denn auch schnell eine positive Einstellung zur DDR. Aber sowohl bei den «religiösen Sozialisten» als auch bei den Vertretern des alten Liberalismus handelte es sich jeweils um kleinste Gruppen.

Den einzigen bedeutenden Block neben den Barthianern bildeten damals die bewußten Lutheraner. Sie hatten ihre Stütze in den Landeskirchen, die sich mit Betonung «lutherisch» nannten. Ihnen ging es um die Bewahrung einer lebendigen Tradition, ihr Verhältnis zur Vergangenheit war weniger von Kritik als von Dankbarkeit für alles Positive geprägt. Wohl wußten auch die Lutheraner, daß die sichtbare Kirche nicht mit dem Reich Gottes gleichgesetzt werden kann und ständiger Selbstkritik bedarf, aber sie betonten die Liebe zu einer Kirche, die trotz ihrer vielen Mängel ein Instrument in Gottes Hand ist.

Einerseits haben die Lutheraner im allgemeinen ein positives Verhältnis zur Geschichte und zu den Begriffen «Volk» und «Staat». Das unterscheidet sie von den Theologen, die in einer zur Negation neigenden Kritik an allem Vorhandenen und Gewachsenen ihre Hauptaufgabe sehen. Andererseits besteht bei den Lutheranern eine Abneigung gegen das, was man Politisierung der Kirche nennt. Schon im Gegensatz zwischen Thomas Müntzer und Martin Luther ist dieses Problem vorgezeichnet. Wo die Botschaft der Kirche in die Nähe einer politischen Heilslehre gerät, besteht die Gefahr, daß nicht das befreiende Evangelium, sondern das fordernde Gesetz in den Mittelpunkt gerückt wird. Auch der besten Politik wird es nicht gelingen, aus dieser vergehenden Erde ein Paradies zu schaffen. In einer sehr nüchternen Weise wird die Aufgabe der Politik lediglich darin gesehen, in einer vom Chaos bedrohten Welt für einigermaßen erträgliche Verhältnisse zu sorgen.

Bei dieser Grundeinstellung war klar, daß lutherisch orientierte Christen einer politischen Pseudoreligion mit Welterlösungsplänen nur mit größter Skepsis begegnen konnten. Für einen überzeugten Lutheraner war es einfach nicht möglich, anzunehmen, daß ein kommunistischer Staat «unter der gnädigen Verheißung Christi» stehe. Das konnte höchstens von den Menschen gesagt werden, die dort leben und leiden mußten.

Dieses erste Kapitel hat, bei aller gebotenen Kürze, verdeutlichen sollen, in welcher inneren und äußeren Verfassung die evangelische Kirche war, als der eigentliche Konflikt mit dem atheistischen Staat begann. Die hier skizzierten Leitgedanken und Grundüberzeugungen standen während der folgenden vierzig Jahre im Hintergrund des Kampfes um den rechten Weg der Kirche. Von einer einheitlichen theologischen Linie konnte mitnichten die Rede sein. Das wäre auch schwer vorstellbar in einer Kirche, in der es einen freien Meinungsstreit gibt. Diese Tatsache muß in einer Kampfsituation nicht unbedingt ein Handicap sein, solange die biblische Botschaft das alle verpflichtende Zentrum bleibt. Schwieriger war es schon, daß in der Beurteilung des Marxismus-Leninismus die Meinungen so weit auseinandergingen. Daraus ergaben sich dann unterschiedliche Verhaltensweisen gegenüber dem totalitären Regime.

Bemerkenswert ist, daß die drei in diesem Kapitel genannten führenden Theologen im Westen wohnhaft waren. Daraus sind sicher einige Fehleinschätzungen der Situation zu erklären. Die ostdeutschen Landeskirchen waren auch in theologischer Hinsicht besonders in den ersten Jahren nach dem Krieg verarmt. Später stellte es sich heraus, daß die theologischen Lehrer in der DDR in innerkirchlicher – nicht in politischer – Hinsicht eher konservativ waren, konservativer jedenfalls als viele westliche Kollegen. Eine im Kampf befindliche Kirche kann nun einmal nicht anders, als sich auf die einfachen, klaren und bleibenden Fundamente des Glaubens zu konzentrieren.

II Die Kirche im Visier des Staates

Am 7. Oktober 1949 wurde die Deutsche Demokratische Republik gegründet. Viele sagten schon damals, der Name sei eine dreifache Lüge: dieser Staat sei weder deutsch noch demokratisch, noch eine Republik. Es handelte sich um ein völlig unter sowjetischer Kontrolle befindliches Gebilde, das von oben zentralistisch durch das Politbüro der SED regiert wurde. Der sogenannte Staatsapparat war nur ein Vollzugsorgan. Walter Ulbricht, der schon seit 1945 der eigentliche Machthaber war, trat nun immer mehr in den Vordergrund.

Die SED war aufgrund der sie tragenden marxistisch-leninistischen Weltanschauung viel mehr als eine Partei im üblichen Sinne. Sie erwies sich zunehmend als missionarische Trägerin einer Ersatzreligion und entwickelte hierzu im Laufe der Jahre einen entsprechenden Kultus mit Namensweihe, Jugendweihe, sozialistischer Eheschließung und Bestattung. Die Staatsfeiertage wurden – wie in der Sowjetunion – mit Feiern begangen, die einen geradezu liturgischen Charakter hatten. Aus der Partei wurde so etwas wie eine Staatskirche. Da war es kein Wunder, daß die christliche Kirche als Hauptgegnerin empfunden wurde. Gemäß marxistischer Lehre war man zwar davon überzeugt, daß die Religion im Laufe der Zeit von allein absterben werde, dennoch wurde es als notwendig angesehen, diesem Sterbeprozeß nachzuhelfen. Es galt, die Kirche durch administrative Maßnahmen in ihren Arbeitsmöglichkeiten einzuengen und sie organisatorisch verkümmern zu lassen.

Nun wurde dieser Kampf mit unterschiedlicher Intensität geführt, auf Zeiten massiver Angriffe folgten sogenannte weiche Wellen. Die Kirchenpolitik des Staates, die mit Zukkerbrot und Peitsche betrieben wurde und die die Kirche von einem Wechselbad ins andere stürzte, kann insgesamt als nicht unklug bezeichnet werden. Während in den ersten Jahren mißliebige Pfarrer noch verhaftet wurden, hat man in späteren Jahren jeden Eklat dieser Art zu vermeiden versucht. Es wurden andere Wege beschritten, um Kirchenleute, die als besonders gefährlich angesehen wurden, zu diffamieren und zu isolieren.

Kirchliche Amtsträger – besonders solche in höherer Position – wurden freilich zu allen Zeiten mit größter Vorsicht behandelt. Pfarrer, Superintendenten und Bischöfe, die bei Zusammenkünften mit Staatsvertretern beinahe altertümlich als «geistliche Würdenträger» angesprochen wurden, hatten eine gewisse «Narrenfreiheit» und sollten durch Privilegien korrumpiert werden. Da das einfache Gemeindeglied, das treu zu seinem Glauben stand, viel unmittelbarer den Repressalien des Staates ausgesetzt war, bestand die Gefahr, daß ein Keil zwischen Amtsträger und Gemeindeglieder getrieben wurde.

Nach der Gründung der DDR war nicht mehr viel von antifaschistisch-demokratischer Einheitsfront die Rede. Das von Ulbricht ausgegebene Losungswort hieß nunmehr «Aufbau des Sozialismus». Die doktrinäre Intoleranz verstärkte sich. Als der Ort Eisenhüttenstadt Anfang der fünfziger Jahre zur ersten sozialistischen Stadt erklärt wurde, hieß es, hier sei kein Platz mehr für eine Kirche. Die Gemeinde mußte sich jahrelang mit einer Baracke begnügen.

Der Hauptstoß richtete sich zunächst gegen die kirchliche Jugendarbeit und gegen die Studentengemeinden. Schon bei den Nationalsozialisten hatte es geheißen: Wem die

Jugend gehört, dem gehört die Zukunft. Während es den Machthabern offenbar wenig Kopfzerbrechen bereitete, daß ältere Menschen sich in nicht allzu großer Zahl zu Gottesdiensten versammelten, wurde es als unerträglich angesehen, daß die Kirche besondere Aktivitäten zur Gewinnung der Jugendlichen entwickelte. Im Mittelpunkt der Angriffe stand die «Junge Gemeinde». War die kirchliche Jugendarbeit früher lediglich in Bünden und anderen freien Verbänden organisiert gewesen, so betonte die Kirche jetzt, daß die Junge Gemeinde unabhängig sei von staatlicher Anerkennung, da es sich bei ihr schlicht und einfach um die Gemeindejugend handele. Diese Feststellung, die dem Staat ein Dorn im Auge sein mußte, reichte als Schutz für die kirchliche Jugendarbeit freilich nicht aus.

Besonders beanstandet wurde das Bekenntniszeichen der Jungen Gemeinde, das sogenannte Kugelkreuz, ein Kreuz auf der Weltkugel. Wenn Schüler mit diesem Bekenntniszeichen, das ausdrücklich nicht als Vereinsabzeichen gewertet werden sollte, sich in der Schule sehen ließen, gab es größte Schwierigkeiten. Die Betroffenen mußten sich unter oft erniedrigenden Umständen vor schulischen Gremien verantworten, wurden als Angehörige einer staatsfeindlichen Organisation beschimpft und aufgefordert, sich schriftlich von der Jungen Gemeinde zu distanzieren. Viele haben dem Druck standgehalten, obwohl sie wußten, daß damit ihre berufliche Zukunft gefährdet war.

Die Behinderungen der kirchlichen Jugendarbeit, die in den fünfziger Jahren einen beachtlichen Zulauf hatte, waren vielfältig und schikanös. Ich bringe ein Beispiel aus der Zeit, in der ich in Fürstenwalde auch als Kreisjugendpfarrer tätig war. Auf dem Pfarrgelände eines benachbarten Dorfes sollte ein Kreisjugendtreffen stattfinden. Zahlreiche Teilnehmer hatten sich bereits eingefunden, als die Polizei mit großem Aufgebot anrückte und einen Ring um den Ort legte. Wir «Eingeschlossenen» verließen auf Schleichwegen das Dorf, sammelten alle, die unterwegs zum Tagungsort waren, und zogen – mit Verspätung und improvisiert – unter das schützende Dach der Samariteranstalten in Fürstenwalde. Dort ließ man uns in Ruhe.

In der Hoffnung, die Jugend für den Marxismus-Leninismus zu gewinnen, nahm die SED besonders das Schulwesen fest in den Griff. Wie schon in der Hitlerzeit wurde die Schule zu einer Hochburg der herrschenden Weltanschauung. Für die wenigen christlichen Lehrer wurde es immer schwerer, ihre Position zu behaupten. Es gab auch hier mancherlei Beispiele für eine stille Tapferkeit. Alle Versuche von kirchlicher Seite aber, mit den zuständigen Stellen – etwa mit der späteren Ministerin Margot Honecker – in ein direktes Gespräch über das Schulwesen zu kommen, sind gescheitert.

Wesentlicher Bestandteil des den Schülern vermittelten doktrinären Weltbildes war der historische Materialismus, das Ziel die Erzeugung von Haß gegen den «Klassenfeind». Wenn auch die Erfolge dieser Indoktrinierung – wie sich später herausstellte – in vieler Hinsicht zweifelhaft waren, so hat doch die damit verbundene Heuchelei und Doppelzüngigkeit, in der viele Jugendliche den einzigen Ausweg sahen, manchen Charakter verbogen.

Mit meiner Frau habe ich unsere vier Kinder immer dazu ermutigt, geforderte Bekenntnisse, die nicht der eigenen Überzeugung entsprachen, zu verweigern. Unsere Tochter Christiane konnte als einzige unter den Geschwistern 1968 das Abitur auf dem direkten Weg – also über die Erweiterte Oberschule – ablegen, weil damals gerade eine «weiche Welle» herrschte. Das Thema ihres Abituraufsatzes lautete: «Beweisen Sie, daß die DDR der einzige rechtmäßige deutsche Staat ist.» Sie begann den Aufsatz mit den Worten: «Ich werde in meinem Aufsatz berichten, was wir in der Schule über dieses Thema gehört haben.» In der Beurteilung wurde beanstandet, daß in der Arbeit keine persönliche Überzeugung zum Ausdruck komme. Meine Tochter antwortete darauf, daß nach ihrer Ansicht die Schule Kenntnisse, aber nicht *Be*kenntnisse fordern könne. Das wurde – wenn auch grollend – hingenommen, wirkte sich aber in der Benotung aus.

Lange lagen auch die christlichen Studentengemeinden unter besonderem Beschuß. Zu ihren Mitgliedern zählten nicht etwa in erster Linie Theologiestudenten; stark vertreten waren in der ersten Zeit beispielsweise Studenten der Veterinärmedizin und der Forstwissenschaft. Der Leipziger Studentenpfarrer Siegfried Schmutzler mußte viele Jahre im Zuchthaus verbringen. Die staatliche Seite witterte in jeder Gruppe, die sie nicht völlig im Griff hatte, eine sich bildende Zelle des Widerstandes. Jede Aktivität der Kirche, die in der Öffentlichkeit als solche wahrgenommen wurde, schien eine potentielle Gefahr zu sein. Das galt sogar für die kirchliche Bahnhofsmission. Mit der Begründung, sie habe «Republikflüchtigen» geholfen, mußten bis auf eine Ausnahme alle Stationen geschlossen werden.

Den vielen diakonischen Einrichtungen im Osten Deutschlands standen ebenfalls harte Zeiten bevor. Besonders schwer betroffen waren die Neinstedter Anstalten am Harz und die Pfeifferschen Stiftungen in Magdeburg. Als Vorsitzender des Kuratoriums der Fürstenwalder Samariteranstalten habe ich einiges von diesen Problemen mitbekommen. Dennoch kann man sagen, daß die «Innere Mission» nicht grundsätzlich schlecht behandelt worden ist. Schließlich wurden hier dem Staat Aufgaben abgenommen, die er aus eigener Kraft nur schwer hätte wahrnehmen können. Aber selbst bei der Pflege geistig Behinderter wollte die staatliche Seite noch eine politische Beeinflussung durchsetzen. Nur die absolut nicht mehr Bildungsfähigen wurden dann ganz der Diakonie überlassen, die es als eine selbstverständliche Pflicht und auch als eine Ehre ansah, für die Schwächsten der Schwachen dazusein.

Für die kirchliche Verwaltung in Berlin ergab sich ein besonderes Problem aus der Tatsache, daß das Konsistorium seit langem im Westteil der Stadt lag. Die Dezernenten hatten lediglich einen Westausweis und konnten von 1952 an nicht mehr ohne weiteres den Ostbereich der Landeskirche besuchen. Deshalb wurde ich 1952 als erster theologischer Dezernent mit Ausweis der DDR in das Konsistorium berufen. Bald danach wurde mit dem Aufbau einer Dienststelle in Ost-Berlin, in der Nähe des Spittelmarktes, begonnen. Schon damals rechneten viele mit der Möglichkeit einer Abtrennung von den drei Westzonen. Zwar dachte niemand an eine Mauer aus Stein, aber – so eine damals bei uns oft gebrauchte Redewendung – konnte nicht jeden Tag Stacheldraht über den Potsdamer Platz gezogen werden? Die sich verschärfenden Ost-West-Spannungen jedenfalls waren auch im kirchlichen Bereich ein beherrschendes, vieles überschattendes Thema.

Nach der ersten heißen Phase der Auseinandersetzungen zwischen Staat und Kirche kam es im Sommer 1953 vorübergehend zu einer leichten Entspannung. Das hing mit dem Tod Stalins und den Ereignissen um den 17. Juni zusammen. Genau eine Woche zuvor, am 10. Juni 1953, war es zu einer Begegnung von Staats- und Kirchenvertretern gekommen. Damals wurden einige für die Kirche besonders beschwerliche Bestimmungen aufgehoben. Die Freude darüber sollte aber nicht von Dauer sein. Es bahnte sich ein neuer Konflikt an, der von grundsätzlicher Bedeutung war: die Jugendweihe.

Walter Ulbricht hat oft mit Stolz erzählt, daß er schon lange vor 1914 die Jugendweihe erhalten habe. Erich Honecker dagegen ist im Saarland noch konfirmiert worden. Die Jugendweihe ist nicht eine Erfindung der DDR. Um die Jahrhundertwende wollten Freidenker und Sozialisten, die aus der Kirche ausgetreten waren, ihren Kindern eine der Konfirmation vergleichbare feierliche Handlung zum Eintritt in das Erwachsenenalter bieten. Das ist verständlich, und es war nichts dagegen einzuwenden, solange die Sache auf Freiwilligkeit beruhte. Mancher Pfarrer freute sich, wenn Konfirmanden wegblieben, denen es nicht um die Sache, sondern nur um die Feier und die Geschenke ging. 1933 wurde die Jugendweihe verboten, weil sie als eine Angelegenheit der «Roten» betrachtet wurde. Später haben die Nationalsozialisten in dieser Einrichtung ein gutes Instrument im Kampf gegen die Kirche entdeckt.

Die SED hatte sich in diesem Punkt zunächst zurückgehalten. In einem Artikel der Parteizeitung «Neues Deutschland» waren im Jahre 1949 erste Vorstöße zur Neubelebung der Jugendweihe sogar als unerwünschte Aktionen von «Sektierern» bezeichnet worden. Man wolle das Verhältnis zur Kirche nicht unnötig belasten. 1954 aber trat in dieser Sache eine Wende ein. Der Kampf gegen den christlichen Glauben und die Kirche sollte verschärft werden, und da man wußte, welche Bedeutung für eine evangelische Volkskirche die Konfirmation hat, wurde beschlossen, hier den Hebel anzusetzen und mit allen Mitteln die Jugendweihe durchzudrücken.

Im Kampf um die Einführung der Jugendweihe wurde der gesamte Schulapparat mobilisiert. Lehrer mußten die Eltern besuchen, damit diese ihre Kinder veranlaßten, sich zur Jugendweihe anzumelden. Dabei wurde nicht selten mit Drohungen gearbeitet. Da die Teilnahme an der Jugendweihe offiziell bis zuletzt als freiwillig galt, konnte freilich nur angedeutet werden, daß es «für die Zukunft Ihres Kindes vielleicht doch schädlich sein könnte, wenn es nicht an der Jugendweihe teilnimmt». Damit wurden die Eltern, die um das Fortkommen ihrer Kinder besorgt waren, an einer besonders schwachen Stelle getroffen. Tatsächlich wurde manche Aufnahme in die Erweiterte Oberschule mit der Begründung abgelehnt, das Kind habe nicht an der Jugendweihe teilgenommen. Dennoch sind etliche Familien standhaft geblieben. Die Erfahrung lehrte, daß beim treuen Beharren auf der eigenen Überzeugung sich am Ende doch ein Weg in die Zukunft öffnete. Leider muß festgestellt werden, daß die große Mehrheit meinte, sich der Jugendweihe nicht entziehen zu können.

Wie sollten die Kirchen reagieren? Die Unvereinbarkeit von Konfirmation und Jugendweihe lag offen zutage, wenn auch von staatlicher Seite versucht wurde, zu verschleiern, daß es sich um einen direkten Angriff auf den christlichen Glauben handelte. Um der Verwirrung und Resignation entgegenzutreten, die unter Christen sich breitmachte, hat die Arbeitsgemeinschaft «Bekenntnis und Bekennen», eine Gruppe gleichgesinnter Theologen, unter der Überschrift «Das erste Gebot und die Jugendweihe» im Jahre 1976 ihren Standpunkt formuliert. Das Ganze war gedacht als eine Erinnerung an längst gefällte Grundsatzentscheidungen der östlichen Kirchenleitungen, die in Vergessenheit zu geraten drohten. In Form von Frage und Antwort wurde auf die wichtigsten Argumente eingegangen. Ich möchte die entscheidenden Passagen dieser Denkschrift, die 1976 nur in sehr begrenztem Umfang veröffentlicht werden konnte, zitieren, weil es hier um eine Frage von grundsätzlicher Bedeutung geht.

«1. Warum kann ein Christ nicht guten Gewissens an der Jugendweihe teilnehmen?

Der Glaube an Jesus Christus, unseren Herrn, läßt sich nicht vereinbaren mit dem Herrschaftsanspruch einer Weltanschauung, die den Glauben an Gott bewußt und radikal verneint.

2. Kann man die Jugendweihe nicht unter Absehung von der weltanschaulichen Seite als ein bloßes Treuebekenntnis politischer Art gegenüber dem Staat verstehen?

Die Veranstalter der Jugendweihe lehnen diese Deutung ab. Sie ist auch vom marxistischen Verständnis gar nicht möglich. Das im Jugendweihegelöbnis geforderte Bekenntnis zum Sozialismus ist unlöslich verbunden mit dem Bekenntnis zur marxistisch-leninistischen Weltanschauung. Nur dieser Sozialismus ist gemeint. Als Ziel der Jugendstunden bezeichnet das vom ‹Ausschuß für Jugendweihe in der DDR› 1974 herausgegebene ‹Handbuch zur Jugendweihe› (S. 54): ‹Herausbildung und Festigung ideologischer Überzeugungen und sozialistischer Verhaltensweisen im Sinne der Moral und Weltanschauung der Arbeiterklasse.›

3. Warum gerade in der Jugendweihefrage ein Nein, wo wir es doch auf allen Lebensgebieten mit dem Totalitätsanspruch der atheistischen Weltanschauung zu tun haben, besonders im gesamten Unterrichtswesen?

Es ist ein Unterschied, ob ich in einer öffentlichen Einrichtung wie der Schule, deren Besuch Pflicht ist, es erleiden muß, dieser Weltanschauung ausgeliefert zu sein, oder ob ich in einem feierlichen Akt mich ausdrücklich dazu bekenne. Das Wort ‹Weihe› stammt aus dem religiösen Bereich! Hier ist die Frage nach dem ersten Gebot besonders hart gestellt.

4. Ist nicht auch die Jugendweihe schon längst zu einer Pflichtveranstaltung geworden, der man sich nicht mehr entziehen kann?

Es ist nicht zu bestreiten, daß hier unter Androhung beruflicher Nachteile ein mehr oder weniger massiver Druck ausgeübt wird. Dies ist ein klarer Verstoß gegen die in der Verfassung garantierte Glaubens- und Gewissensfreiheit. In dem genannten Handbuch für Jugendweihe steht ausdrücklich auf Seite 11: ‹Die Teilnahme an der Jugendweihe ist freiwillig.› Wenn wir nicht jeden Raum der Freiheit bis zum äußersten nutzen, machen wir uns schuldig. In vielen Fällen hat das Eintreten gegen eine Benachteiligung von Nichtteilnehmern an der Jugendweihe Erfolg gehabt.

5. Hat die Kirche sich nicht mit diesem Konflikt übernommen, der ausgerechnet in der Verbindung mit der Konfirmationsfrage die Kirche an einer schwachen Stelle traf?

Unsere Kirche hat diesen Konflikt nicht gesucht, er ist ihr aufgezwungen worden. Wir können uns nicht die Stellen aussuchen, wo wir unseren Glauben zu bewähren haben. In Verhandlungen mit staatlichen Stellen ist von kirchlicher Seite bereits in den fünfziger Jahren eine Entschärfung der weltanschaulichen Spitze der Jugendweihe angestrebt worden. Alle Vorschläge wurden abgelehnt. Mit bewußter Stoßrichtung gegen die Konfirmation wurde die Durchsetzung der Jugendweihe gezielt als Schlag gegen die Kirche in Angriff genommen.

6. Hätte nicht dieser Angriff durch Nichtbeachtung der Jugendweihe unwirksam gemacht werden können?

Durch Verschließen der Augen vor der Jugendweihe und durch Verharmlosung des Problems wird die nihilistische Grundeinstellung gefördert, die nichts mehr ernst nimmt und jeder Entscheidung ausweicht. Das ist die eigentliche Gefahr unserer Tage. Im übrigen haben die Gemeinden, in denen man bedenkenlos die Gleichzeitigkeit von Jugendweihe und Konfirmation praktiziert, in der Regel keine größeren Konfirmandenzahlen aufzuweisen als andere.

7. Ist das Verlangen nach einer klaren Entscheidung in

der Jugendweihefrage nicht eine Überforderung der betroffenen Jugendlichen und ihrer Eltern?

Es gilt für viele biblisch begründete Weisungen, daß sie als eine Überforderung erscheinen. Aus eigener Kraft können wir sie nicht erfüllen, nur durch Gottes Beistand. Das vielfältige Versagen in der Jugendweihefrage hängt damit zusammen, daß wir nach jahrhundertelanger Verwöhnung zu wenig darauf eingestellt sind, für unseren Glauben etwas zu riskieren. Auch in dieser Hinsicht gibt es eine Erziehung von Kindheit an, wie sie in anderen Konfessionen oft zielbewußter betrieben wird als bei uns.

8. Sollte die Kirche nicht Barmherzigkeit gegenüber denen zeigen, die aus menschlicher Schwachheit dem Druck einfach erlegen sind?

Niemand darf richten und verurteilen, wenn dies ehrlich bekannt wird: ‹Ich hatte nicht die Kraft zum Widerstehen.› Schlimmer als ein Nachgeben in der Stunde der Anfechtung ist die Ausschaltung des Gewissens. Die Art, wie viele Gemeindeglieder die Jugendweihe häuslich feiern, läßt darauf schließen, daß hier unter dem Unrecht nicht mehr gelitten wird. Die Regelung, daß Jugendgeweihte frühestens nach einem Jahr konfirmiert werden können, ist keine Bestrafung, sondern ermöglicht eine Zeit der Besinnung. Es wird damit unterstrichen, daß nicht im gleichen Zeitraum das Bekenntnis zum wahren Gott und der feierliche Akt der Unterwerfung unter die Gott leugnenden Kräfte vollzogen werden kann.»

Soweit das 1976 beschlossene «Wort zur Jugendweihe». Es wollte auf die Fragen eingehen, die im Laufe vieler Jahre in immer neuen Diskussionen über dieses Thema gestellt worden waren. Am Ende der Auseinandersetzung stand freilich eine demütigende Niederlage der Kirche. Schmerzlich war nicht nur das Nachgeben vieler Gemeindeglieder, sondern auch das unklare Reagieren von Kirchenleitungen. Die Erfahrungen im Zusammenhang mit der Jugendweihe haben bei leitenden Kirchenleuten einen Schock mit Langzeitwirkung ausgelöst. Warum äußerten sich die Kirchenleitungen zu brennenden Fragen nur noch selten so eindeutig und mutig, wie es noch in den fünfziger Jahren oft, zum Beispiel in Kanzelankündigungen, geschehen war? Die bezeichnende Antwort eines Bischofs: «Was sollen wir große Worte von uns geben, wenn nur so wenige Menschen hinter uns stehen? Wir fühlen uns da wie Offiziere ohne Mannschaften.» Mir scheint es fraglich, ob diese Argumentation bestehen kann. Wo es um Glaubens- und Gewissensfragen geht, muß Farbe bekannt werden – ganz unabhängig davon, ob Widerspruch aussichtsreich ist oder nicht und wie groß die Anzahl derer ist, für die man eintritt. Die Frage der Glaubwürdigkeit sollte einer Kirche wichtiger sein als alles andere – schon gar als die Frage nach Erfolg oder Mißerfolg. Aus der ganzen Diskussion um die Jugendweihe bleibt bis heute die Frage aktuell, ob wir bereit sind, für unseren Glauben etwas zu riskieren.

Vor dem Hintergrund zunehmender Spannungen zwischen Staat und Kirche entbrannte 1959 eine heftige innerkirchliche Diskussion über das richtige Verständnis des Wortes «Obrigkeit». Kein Wunder. Kein Wunder auch, daß diese Auseinandersetzung von der staatlichen Seite mit größter Aufmerksamkeit verfolgt wurde. Es ging um die Auslegung einer Bibelstelle, die immer schon eine große Rolle für das Staatsverständnis der Christen gespielt hat. Der Apostel Paulus schreibt im 13. Kapitel seines Briefes an die Römer: «Jedermann sei untertan der Obrigkeit, die über ihn Gewalt hat; denn es ist keine Obrigkeit ohne von Gott...» Diesen Satz haben die Christen sogar während ihrer Verfolgung im

Römischen Reich beherzigt, indem sie Steuern zahlten und die Vertreter der Staatsmacht in ihrem Amt respektierten. Ein Problem war es freilich schon damals, wie man es mit jenen Gesetzen halten sollte, die in eindeutigem Gegensatz zu christlicher Grundüberzeugung standen.

Nach der konstantinischen Wende, die für Europa Jahrhunderte eines Bündnisses zwischen Staat und Kirche brachte, war es leichter, dieses Kapitel des Römerbriefes zu befolgen. Aber auch weiterhin kam es zu Konflikten. Es sei nur an die Kämpfe zwischen Kaisertum und Papsttum erinnert. Es wird Martin Luther und besonders den späteren Lutheranern immer wieder zum Vorwurf gemacht, sie hätten zu stark die Notwendigkeit des Gehorsams gegenüber der Obrigkeit betont und damit zur Förderung eines unerfreulichen Untertanengeistes beigetragen. Hierbei darf zunächst nicht vergessen werden, daß die lutherischen Christen – besonders in Deutschland und Skandinavien – in der Regel mit Regierenden zu tun hatten, denen sie glaubensmäßig verbunden waren. Anders war es bei den Calvinisten als dem anderen Hauptzweig des Protestantismus. Sie haben vielerorts in Westeuropa hart gegen Unterdrückungsversuche katholischer Obrigkeiten kämpfen müssen. Darum ist bei ihnen mehr über das Widerstandsrecht nachgedacht worden.

Wirklich akut wurde die Frage nach dem Verhältnis zum Staat für Lutheraner erst mit dem Aufkommen der nationalsozialistischen Gewaltherrschaft. Viele der Männer des 20. Juli 1944, die zum großen Teil überzeugte Christen und zudem von preußischer Tradition geprägt waren, konnten sich nur schweren Herzens dazu durchringen, den Tyrannenmord zu billigen. Auch Dietrich Bonhoeffer hat sich intensiv mit diesem Problem beschäftigt. Den Verschwörern war das Luther zugeschriebene Wort eine Hilfe, daß man einen Kutscher, der betrunken ist, vom Bock stoßen müsse. Schon damals gab es Diskussionen um die Frage, ob eine Regierung als legitime Obrigkeit anzusehen sei, die sich beständig und aus Prinzip gegen Gottes Gebote stelle. Der gut lutherische norwegische Bischof Berggrav vertrat während der deutschen Besatzungszeit die These, daß nicht die Besatzungsmacht mit ihren Marionetten die legitime Obrigkeit sei, sondern die Exilregierung in England, deren Weisungen die Norweger zu befolgen hätten.

Es war unvermeidlich, daß diese ganze Problematik auch in der DDR hochkommen mußte. In vielen Predigten wurde gesagt, daß es nicht nur das 13. Kapitel des Römerbriefes gebe, sondern auch das 13. Kapitel der Offenbarung des Johannes. Dort wird der voll gegen Gott sich stellende Staat als «das Tier aus dem Abgrund» bezeichnet. Allerdings wird aus dieser Bibelstelle nicht ein aktives Widerstandsrecht der Christen abgeleitet, sondern lediglich zu Glaubensfestigkeit und Leidensbereitschaft aufgerufen: «Hier ist Geduld und Glaube der Heiligen.»

Dieser Satz war ein Lieblingswort von Bischof Dibelius. Und es war ein von ihm verfaßtes Büchlein, das wie ein ins Pulverfaß geworfener Funke wirken sollte. 1959 übersandte Otto Dibelius dem hannoverschen Bischof Hans Lilje zu dessen 60. Geburtstag als Geschenk eine kleine Schrift mit dem Titel «Obrigkeit?». Nur 500 Exemplare wurden zunächst gedruckt, und das Ganze sah aus wie ein Gespräch unter Fachleuten über eine sehr spezielle Einzelfrage. Dibelius richtet an seinen Amtsbruder die Frage, ob für das zugrundeliegende griechische Wort des Urtextes, das Luther mit «Obrigkeit» übersetzt hat, nicht eine neue Formulierung gefunden werden müsse. Dibelius meint, es sei vielleicht die Übersetzung möglich: «Rechtmäßige Gewalt soll bei jedermann Gehorsam finden.» Was wie eine Expertenangelegenheit aussah, war natürlich von höchster Brisanz. Die entscheidenden Passagen der Schrift von Dibelius lauten:

«Wir haben den totalen Staat erlebt und erleben ihn noch. Für den totalen Staat ist zweierlei kennzeichnend. Nämlich erstens das, daß er sozusagen quantitativ total ist. Das heißt, ihm gehört schlechterdings alles. Nicht nur, was ein Volk an materiellen Gütern besitzt, sondern ihm gehören die Menschen. Ihm gehören Arbeitskraft und Lebensleistung. Ihm gehört die Kindheit und das Alter. Ihm gehört das Reden, das Denken und das Fühlen der Menschen. Ihm gehört die Arbeit und die Erholung. Ihm gehört alles. Alles wird von oben her geplant, gelenkt und bewirtschaftet. Und zweitens – das ist für uns das Wichtigste – der Staat bestimmt die Normen. Er bestimmt auch, was gut und böse ist. Gut ist, was dem Regime förderlich ist; schlecht ist, was dem Regime schaden könnte. Das hat der Ministerpräsident der DDR mit klaren Worten gesagt. Die christlichen Begriffe von gut und böse sind überholter Plunder. Lügen ist gut, wenn das Regime davon Vorteil hat; es ist schlecht, wenn es den Machthabern schadet. Treuebruch wird belohnt, wenn es im Interesse des Staates liegt; er wird bestraft, wenn er dem Staat Nachteile bringt. Und dies alles nicht als Ausnahmefall, sondern als Norm, als Regel, als Grundsatz sozialistischer Sittlichkeit.

Der Staat aber, das ist die kleine Gruppe derer, die die Macht an sich genommen haben. Darüber hat Milovan Djilas das Nötige gesagt. Es geht hier nicht so sehr darum, ob der Staat die Kirche verfolgt oder die Christen unter Gewissensdruck setzt, indem er von ihnen etwas verlangt, was sie mit ihrer inneren Einstellung nicht vereinbaren können. Jeder totale Staat tut das, der eine in massiver, der andere in weniger krasser Form. Das Entscheidende ist vielmehr, daß durch eine neue Ordnung der Werte das gesamte sittliche

Denken und Fühlen umgestaltet werden soll. Der Untergebene soll dahin gebracht werden, die Kategorien der reinen Macht allmählich innerlich zu bejahen.

Es steht also nicht so, wie immer wieder behauptet wird, daß auch in einem widerchristlichen Bereich ‹ein Minimum von Recht› geschützt werde. In einem totalitären Bereich gibt es überhaupt kein Recht im christlichen Sinne des Wortes. Weder ein Maximum, noch ein Minimum, sondern überhaupt kein Recht. Es ist doch kein Zufall, daß in der DDR das Wort ‹Recht› mehr und mehr in Fortfall kommt. Es gibt nur noch eine ‹Gesetzlichkeit› – d. h. also eine Anzahl von Bestimmungen, die die Machthaber im Interesse ihrer Macht erlassen und mit ihren Machtmitteln durchsetzen. Das ‹dir zugut› des Paulus ist ebenso außer Kraft gesetzt wie das Wort von der ‹Dienerin Gottes›. Der atheistische Totalstaat bestreitet das natürlich. Für ihn ist es selbstverständlich, daß es auch mein persönliches Glück und meine persönliche Freiheit bedeuten wird, wenn ich gleichgeschaltet werde. Ein wenig Gehirnwäsche wird daher ‹mir zugut› vorgenommen. Aber der Christ kann da nun einmal nicht mit! Natürlich wirkt in der Praxis die alte zweitausendjährige ‹bourgeoise› Vorstellung noch nach, daß es wenigstens in gewissen Dingen gleiches Recht für alle geben müsse. Aber dieses alte Recht wird auf jede Weise bekämpft. Das neue ‹Recht› ist ein Mittel, um die Macht der herrschenden Klasse aufrechtzuerhalten. Für diese herrschende Klasse – nicht für den Menschen als solchen! – ist es wichtig, daß eine gewisse Ordnung herrscht. Wenn jeder geht und fährt und baut und Geschäfte macht, wie er will, dann ist diese Herrschaft nicht aufrechtzuerhalten. Deshalb – grundsätzlich nur deshalb! – muß Ordnung sein. Das ist die radikale Verneinung von allem, was in Römer 13 geschrieben steht. Das Wort ‹Obrigkeit›, so wie der Deutsche das Wort empfinden muß, hat seinen Sinn verloren. Von Machthabern eines totalen Staates soll man nicht als von Obrigkeit reden.»

Es ist klar, daß diese Sätze als Frontalangriff verstanden wurden, und entsprechend kontrovers war das Echo. Die staatliche Seite hielt sich zunächst zurück, wahrscheinlich vertraute man auf innerkirchliche Kräfte, von denen man sich erhoffte, daß sie dem Bischof entgegentreten würden. Dibelius hatte sich in dem schnell hingeworfenen Büchlein einige Blößen gegeben. Gierig aufgegriffen wurde vor allem ein unglücklich gewähltes Beispiel: Bei Übertretung einer Verkehrsregel, schrieb der Bischof, habe er durchaus ein gutes Gewissen, solange ein gehobener Staatsfunktionär die gleiche Regel ohne weiteres verletzen dürfe. Dieses Beispiel war deshalb unglücklich gewählt, weil auch ein nicht von uns bejahter Staat unbedingt notwendige Ordnungsfunktionen wahrnimmt. Von diesem Beispiel hat sich der Bischof später übrigens distanziert und betont, daß er keineswegs zur Nichtbeachtung der DDR-Gesetze aufgerufen habe.

Die Kritiker des Bischofs gaben keine Ruhe. Sie beanstandeten nicht nur die zusätzliche Gefährdung, in die er seine Kirche und vor allem den einzelnen Christen in der DDR mit diesen Sätzen gebracht habe. Auch die theologische Richtigkeit der Thesen des Bischofs wurde angezweifelt. Es war sonderbar, daß gerade diejenigen Theologen, die immer die angebliche Obrigkeitshörigkeit von Lutheranern kritisiert hatten, nun mit Nachdruck betonten, daß die Führung der DDR eine Obrigkeit im vollen geistlichen Sinne des Wortes sei.

Im Januar 1960 fand im Spandauer Johannesstift eine äußerst spannungsreiche Tagung der Berlin-Brandenburgischen Kirche statt, die ganz im Zeichen dieses Themas stand. Die Mitglieder der Synode aus dem Gebiet der DDR wurden durch Staatsvertreter ermahnt, gegen Dibelius mit dem Ziel seiner Absetzung Stellung zu nehmen. Als mein Kreisratsvorsitzender in Finsterwalde, Herr Kühl, mich in einem harten Gespräch in diesem Sinne beeinflussen wollte, antwortete ich ihm wörtlich: «Sie können von mir nicht verlangen, daß ich mich von meinem Bischof distanziere; ich verlange ja auch von Ihnen nicht, daß Sie sich von Walter Ulbricht distanzieren!» Mit diesem Zitat beschloß ich dann meinen Diskussionsbeitrag vor der Synode in Spandau und erntete damit unerwartet stürmischen Beifall.

Die Synodalen spürten, wie sehr der Druck des Staates auf dieser Tagung lastete, und das nahm manchem Redner etwas von seiner Unbefangenheit. Es ging nicht nur um theologische Argumente. Manches Wort für oder gegen den Bischof war rein politischer Natur. Die Kritiker des Bischofs betonten, daß auch ein atheistischer Staat unter Gottes gnädiger Anordnung stehen könne. In meinem Beitrag versuchte ich darzulegen, daß es schon viele gottlos handelnde Regierungen gegeben habe, die dennoch – ohne es zu wollen – dem Plan Gottes gedient hätten. Das völlig Neue bei den totalitären Systemen des 20. Jahrhunderts liege darin, daß sie in einer früher nie erreichten Konsequenz danach trachteten, sich an die Stelle Gottes zu setzen. Das habe Konsequenzen für unser Verständnis von Römer 13, und nur darauf habe Bischof Dibelius hinweisen wollen. Dankbar erinnere ich mich der Mitstreiter auf dieser denkwürdigen Synode, unter ihnen die Pfarrer Günter Knecht, Harald Hasper und Reinhold Pietz. Es kam zu einem mit großer Mehrheit angenommenen Synodalbeschluß, der eine Weiterarbeit an dieser Problematik empfahl. Die von vielen erstrebte Verurteilung von Otto Dibelius wurde abgewehrt.

Trotz solcher grundsätzlichen Bedenken haben Vertreter aller kirchlichen Richtungen die Mächtigen der DDR doch als von Gott uns auferlegte Obrigkeit respektiert. Sie haben dem paulinischen Auftrag zur Fürbitte für alle Obrigkeit Folge geleistet. Mancher sah darin ein Zeichen der Unterwürfigkeit, während es doch ganz im Gegenteil ein Zeichen dafür ist, daß Christen die innere Freiheit besitzen, auch für ihre Feinde zu beten. Es kam ja immer auf die inhaltliche Füllung dieser Gebete an. Für einen Pfarrer in der DDR war es wohl kaum möglich, im Gottesdienst dafür zu beten, daß der Staatsratsvorsitzende mit seinen Zielen sich durchsetzen möge. Wohl aber konnte die Fürbitte in folgende Worte gefaßt sein: «Schenke den Regierenden Weisheit und Verantwortungsbewußtsein, daß sie ihr Amt nicht mißbrauchen, sondern dem Frieden im Lande und dem Frieden unter den Völkern dienen.»

Bei meinen vielen dienstlichen Gesprächen mit Staatsvertretern habe ich bei aller Gegensätzlichkeit der Meinungen nie das Gefühl dafür verloren, daß es sich hier um Leute handelte, auf denen die Last der Verantwortung für viele ruhte. Das gab ihrem Amt eine Bedeutung, die auch da zu achten war, wo widersprochen werden mußte. Überhaupt sollten wir nie vergessen, auch im Andersdenkenden den Menschen zu sehen, der ernstgenommen sein will.

III Versuche zur Aufweichung

In den ersten Jahren der DDR hatte es einen weitgehenden Grundkonsens zwischen Kirchenleitungen, Pfarrern und anderen kirchlichen Mitarbeitern gegeben. Man wollte gemeinsam dem ausgeübten Druck widerstehen und jeden Versuch einer Vereinnahmung durch das totalitäre Regime abwehren. Dabei war das Barmer Bekenntnis von 1934 eine wichtige Hilfe.

Zuständig für mich war lange Zeit Generalsuperintendent Günter Jacob in Cottbus. Er wurde von uns wegen seiner mutigen Worte zu aktuellen Fragen ebenso verehrt wie wegen seiner vielen Anregungen zur theologischen Weiterarbeit in den Pfarrkonventen. Die evangelische Kirche in der DDR verdankt ihm zahlreiche Impulse, wo immer es darum ging, neue Wege kirchlicher Arbeit zu finden.

Ende der fünfziger Jahre war bei Günter Jacob eine veränderte Sicht der Dinge festzustellen. Seine Kritik an der Bundesrepublik wurde stärker, seine Beurteilung der Kirchenpolitik der DDR-Führung vorsichtiger. Als ich ihn einmal fragte, wie dieser Wandel zu erklären sei, bekam ich eine mich überraschende Antwort. Er sei, sagte Jacob, in der Bundesrepublik herumgereist. Dort sei das Interesse an den Glaubensbrüdern in der DDR merklich gesunken. Keiner rechne mehr mit einer Wiedervereinigung in absehbarer Zeit. Wir müßten uns entschlossen auf die neue Situation einstellen und zur Staatsführung der DDR ein anderes Verhältnis finden.

Diese Antwort verwunderte mich um so mehr, als ich selber schon lange nicht mehr an eine baldige Wiedervereinigung glaubte, mir andererseits aber nicht vorzustellen vermochte, warum dieser Punkt von zentraler Bedeutung für Glaubensinhalte sein sollte. Im übrigen hatten wir uns immer gegen den Vorwurf gewehrt, daß wir uns aufgrund illusionärer politischer Hoffnungen und mit dem Ziel einer Überwinterung distanziert zur DDR verhielten. Nein, es waren ausschließlich Glaubensgründe, die uns zu einer ablehnenden Haltung gegenüber dem Regime veranlaßten; die Frage nach der Wiedervereinigung oder sonstigen Veränderungen der Gesamtlage stand völlig im Hintergrund, wenn ich auch als Deutscher diese Hoffnung nie aufgegeben habe.

Später, verstärkt seit einer Tagung der Bundessynode im Jahre 1974, ist oft davon die Rede gewesen, daß sich die Kirche einem Lernprozeß unterziehen müßte. Diese Aufforderung kam wohlgemerkt nicht von staatlicher Seite, sondern von der Kirchenleitung. Der vielzitierte Lernprozeß sollte vor allem dazu beitragen, den Marxismus-Leninismus und die neue Gesellschaftsordnung besser zu verstehen. Bei näherem Hinsehen verbarg sich hinter der Aufforderung zu einer gerechten Beurteilung der Staatsideologie nichts anderes als ein Prozeß wachsender Anpassung. Der Zahn der Zeit nagte an den Kräften des Widerstandes.

Zu den ersten, die aus der gemeinsamen Front ausbrachen, gehörte die Landeskirche Thüringens, vertreten durch Bischof Mitzenheim und besonders durch den Oberkirchenrat Lotz. Schon bei der Behandlung des Themas Jugendweihe war eine abweichende Haltung der Thüringer zu konstatieren gewesen, die sich dabei auf die lutherische Zwei-Reiche-Lehre beriefen. Da die volkskirchlichen Strukturen um jeden Preis erhalten werden sollten, müsse alles vermieden werden, so die Haltung der Thüringer, was zu

Konflikten mit dem Staat führen könnte. Der sogenannte «Thüringer Weg» wurde von staatlicher Seite hoch gepriesen und den anderen Landeskirchen als Beispiel hingestellt. Es ist heute bekannt, daß die Position Mitzenheims durch die DDR-Führung planmäßig gestärkt wurde, indem man ihm etwa das Verdienst zuschob, die Reisemöglichkeiten für Rentner durchgesetzt zu haben.

Einer besonderen Beleuchtung bedarf an dieser Stelle die Rolle der Ost-CDU. Nach verheißungsvollen Anfängen unmittelbar nach dem Mai 1945 wurden die der sowjetischen Führung unliebsamen Leute wie Jakob Kaiser ausgeschaltet. Die Gleichschaltung der Ost-CDU begann unter Otto Nuschke und wurde vollendet durch Gerald Götting. Zur Ehre vieler CDU-Mitglieder muß gesagt werden, daß sie davon ausgingen, doch noch etwas bewirken zu können. Viele meinten, ein politisches Engagement sei unausweichlich; in die SED wollten sie nicht eintreten, so wählten sie die CDU als das kleinere Übel. Es ist aber mit jedem Jahr deutlicher geworden, daß diese Partei nicht etwa ein Instrument zur Wahrung christlicher Standpunkte war, sondern umgekehrt ein Instrument der SED zur Durchsetzung ihrer Politik in «kirchlich gebundenen Kreisen». Was im CDU-Organ «Neue Zeit» zu lesen war, unterschied sich tendenziell in nichts vom «Neuen Deutschland», nur daß in unerträglicher Weise über die kommunistische Politik noch eine christliche Sauce gegossen wurde. Aus guten Gründen war das Verhältnis zwischen Kirche und Ost-CDU ausgesprochen kühl.

Eine überaus traurige Rolle spielte der «Bund evangelischer Pfarrer in der DDR». Er wurde mit staatlichen Mitteln gefördert und vertrat eine uneingeschränkt konformistische Linie. Wegen ganz geringen Mitgliederbestandes mußte er sich später auflösen. Auf ähnlicher Linie lagen die «Christlichen Kreise» bei der Nationalen Front der DDR. In der

Nationalen Front sollten unter Führung der SED alle Parteien und gesellschaftlichen Organisationen auf eine einheitliche Linie gebracht werden. Durch die Arbeit der «Christlichen Kreise» sollte der Eindruck entstehen, daß hier und nicht in der amtlichen Kirche die christlich gesinnte Bevölkerung vertreten sei.

Eine neue Variante in die Auseinandersetzungen brachte die Gründung des «Weißenseer Arbeitskreises», hinter dem so bekannte Kirchenleute wie Albrecht Schönherr und Siegfried Ringhandt standen. Es war ein recht bunt zusammengewürfelter Haufen. Ringhandt wird der Satz zugeschrieben: «Her zu uns alles, was mit dem Kurs von Otto Dibelius nicht einverstanden ist!» Wie groß die Übereinstimmung in der Ablehnung des Bischofs auch gewesen sein mag, in den Einzelheiten einer positiven Zielsetzung war kaum eine geschlossene Linie zu erkennen. Auf alle Fälle wollte man eine «erneuerte Kirche», weg von Verkrampfungen und falschen Frontstellungen. Da und dort wurde auch schon der Fortbestand der Einheit der «Evangelischen Kirche in Deutschland» in Frage gestellt.

Die Scheidung der Geister im «Weißenseer Arbeitskreis» erfolgte 1968, dem Jahr des Einmarsches der Truppen des Warschauer Paktes in der Tschechoslowakei. Als einige Mitglieder des Kreises die sowjetische Politik ohne jede Einschränkung gutheißen wollten und damit ihre politische Gebundenheit offenbarten, sagten sich alle diejenigen los, denen es in erster Linie um innerkirchliche Reformen gegangen war.

Eine ähnliche Scheidung vollzog sich im gleichen Schicksalsjahr 1968 auch bei den Mitgliedern der «Prager Friedenskonferenz» (CFK). Diese angesichts der atomaren Aufrüstung entstandene international besetzte Gruppe richtete ihre Kritik von vornherein überwiegend gegen die Politik der USA und ihrer Verbündeten, weniger gegen die rasante Aufrüstung des Ostblocks. Als sich im August 1968 das wahre Gesicht der imperialistischen sowjetischen Politik zeigte, wandten sich viele Anhänger enttäuscht von der Prager Friedensbewegung ab, unter ihnen ihr Gründer, der bekannte tschechische Theologe Hromadka. Wer dennoch weiterhin zur CFK sich bekannte, bewies damit, daß er sich völlig einseitig auf die sowjetische Position eingestellt hatte. Heute ist bekannt, daß führende Leute der CFK in der DDR Mitarbeiter der Staatssicherheit waren.

Zum Einmarsch in der Tschechoslowakei gab es im übrigen auch eine Reaktion der Kirchen. Die damalige «Konferenz der Evangelischen Kirchenleitungen in der DDR» hatte einen Brief an den Ökumenischen Rat der Kirchen in der ČSSR gerichtet, in dem Solidarität und Anteilnahme an dem Schicksal der Tschechen zum Ausdruck kam. Als es um die Verlesung dieses Briefes in den Gottesdiensten ging, haben die meisten leitenden Geistlichen unter starkem Druck einen Rückzieher gemacht. Es gereicht der evangelischen Kirche in Berlin-Brandenburg zur Ehre, daß in fast allen Kirchen der Brief verlesen worden ist. An diesem Punkte zeigt sich zum weiteren Male, wie wenig von einem einheitlichen Verhalten der DDR-Kirchen gesprochen werden kann.

In den sechziger Jahren vermehrte sich die Zahl von «Handreichungen», in denen Ratschläge gegeben wurden, wie man sich als Christ in der DDR konkret verhalten sollte. Es ging im Prinzip um die Schwierigkeiten, die dadurch entstanden, daß man einerseits den Totalitätsanspruch der herrschenden Partei nicht einfach anerkennen konnte, andererseits aber zur Mitarbeit bei der Gestaltung des Gemeinwesens bereit sein sollte. Wo lagen die Grenzen? Wo konnte man mitmachen, wo mußte man sich verweigern? Kirche zwischen Anpassung und Widerstand.

Klarheit herrschte im allgemeinen darüber, daß man als Christ nicht Mitglied der SED sein könne. Das war übrigens schon deshalb nicht möglich, weil die Partei selber bei Eintritten den Kirchenaustritt verlangte. In den ersten Jahren, als nach der Zwangsvereinigung von SPD und KPD viele alte SPD-Mitglieder einfach «übernommen» wurden, zählte die Partei noch recht viele Kirchenmitglieder, mit der Forderung nach Kirchenaustritt hielt man sich noch zurück. Später wurde es anders. Das schuf klare Verhältnisse.

Manche «Handreichung» könnte man auf den Satz reduzieren: «Jugendweihe: nein, Teilnahme bei der Freiwilligen Feuerwehr oder dem Roten Kreuz: ja!» Christen wurden aufgerufen, die atheistische Weltanschauung abzulehnen, aber zum Dienst am Mitmenschen bereit zu sein. Was dies im Grenzfall bedeutete, mußte der einzelne selbst entscheiden.

Besonders hervorzuheben sind die kirchlicherseits veröffentlichten «10 Artikel über Freiheit und Dienst der Kirche» und die als Antwort darauf vom «Weißenseer Arbeitskreis» veröffentlichten «7 Artikel über die Freiheit der Kirche zum Dienen». Schon die Unterschiedlichkeit der Überschriften ist bemerkenswert. Die 10 Artikel betonen mehr die Notwendigkeit, die Freiheit der Kirche und des einzelnen Christen zu bewahren und im Dienst am Nächsten zu bewähren. Die 7 Artikel sind weniger distanziert gegenüber dem herrschenden System und unterstreichen, daß der glaubende Christ keine Hemmungen zu haben brauche, beim Aufbau einer besseren Gesellschaftsordnung mitzuwirken. Es geht nur scheinbar um Nuancen, wer näher hinschaut, muß erkennen, daß hier zwei völlig verschiedene Denkansätze vorliegen.

Zur Verdeutlichung des Geistes, der hinter den beiden Artikelreihen steht, zwei Zitate. In den 7 Artikeln heißt es unter anderem: «Wir begegnen der nichtchristlichen Gesellschaft nicht ängstlich oder gehässig, sondern hilfsbereit und besonnen und können so auch in der sozialistischen Gesellschaftsordnung verantwortlich mitleben.» Kein Wort der Distanzierung von einem totalitären System! In den 10 Artikeln dagegen steht: «Wir handeln im Ungehorsam, wenn wir in der Kirche Gott als den Herrn unseres Lebens bekennen, uns aber im täglichen Leben dem Absolutheitsanspruch einer Ideologie unterwerfen und uns der allumfassenden Geltung von Gottes erstem Gebot entziehen. Wir handeln im Ungehorsam, wenn wir uns an eine Moral binden lassen, die das Leben ohne Gott, die Ursünde des Menschen, zum Programm der Erziehung macht. Wir verwirren die Gewissen, wenn wir behaupten, daß von Menschen aufgestellte Moralgesetze und die Gebote Gottes in ihrer humanistischen Zielsetzung eins seien.» Wahrlich ein anderer Geist und eine andere Sprache! Die 7 Artikel waren freilich besser als die 10 Artikel dazu geeignet, die Christen zur Kooperationsbereitschaft mit den herrschenden Kräften zu bewegen.

In allen kirchlichen Stellungnahmen der späten fünfziger und frühen sechziger Jahre werden die Gemeindeglieder dazu ermutigt, in der DDR zu bleiben und dort ihre Aufgabe zu erfüllen. Angesichts der Fluchtwelle, die bis zum 13. August 1961, dem Tage des Mauerbaus, mit jedem Tag stärker wurde, lag dies eindeutig im Interesse der Kirche, das sich in diesem besonderen Fall mit den staatlichen Interessen deckte. Besonders Jüngere und Risikobereite machten sich auf den Weg, die Älteren blieben. Verheerend wirkte sich in dieser Hinsicht die Zwangskollektivierung der Landwirtschaft aus. Die Dörfer wurden von vielen Bauernfamilien verlassen, die oft Träger des kirchlichen Lebens auf dem Lande waren. Auch sonst war die Zahl der Christen unter den Ausreisenden relativ hoch. Es bestand die Gefahr, daß neben den Alten und Schwerfälligen hauptsächlich die Anpassungsbereiten zurückblieben.

Es war aber nicht nur die Sorge der Kirche um die Erhaltung ihres Bestandes, die den Ruf zum Bleiben veranlaßte. Unter Berufung auf das Jesajawort «Wer glaubt, der flieht nicht» wurde daran erinnert, daß der Christ an dem Platz sein Christsein zu verwirklichen habe, an den er von Gott gestellt worden ist. Mir selber ist es allerdings immer fraglich gewesen, ob man das so unbedingt sagen kann. Millionen Christen sind im Laufe der Jahrhunderte aus ihrer angestammten Heimat dorthin geflohen, wo sie hofften, freier und ihrer Überzeugung gemäß leben zu können.

Unverantwortlich war es jedoch, Menschen im Stich zu lassen, die einem anvertraut waren. Das galt für manche Ärzte, die in der Zeit großen Ärztemangels um wirtschaftlicher Vorteile willen ihre Patienten zurückließen. Das galt wegen starken Personalmangels für kirchliche Mitarbeiter, besonders für Pfarrer, die durch ihr Ordinationsgelübde unter einer speziellen Verpflichtung stehen. Schon in den fünfziger Jahren – während meiner Tätigkeit im Berliner Konsistorium – erforderten die Gespräche mit Pfarrern, die meinten, es in der DDR nicht mehr aushalten zu können, sehr viel Zeit. Ich versuchte, ihnen klarzumachen, wie sehr ihr Dienst im Osten gebraucht wurde.

Natürlich gab es Fälle, in denen der Wunsch, die DDR zu verlassen, verständlich war, und manch einer war der Situation psychisch einfach nicht gewachsen. In solchen Fällen konnte durch Beschluß der Kirchenleitung eine Freigabe erfolgen. Es wurde ein strenger Maßstab angelegt. Wer ohne Freigabe seine Gemeinde verlassen hatte, konnte aufgrund einer Vereinbarung mit den westdeutschen Landeskirchen, die für die Situation der DDR-Kirchen Verständnis zeigten, frühestens nach zwei Jahren ein Pfarramt im Westen übernehmen. In besonders krassen Fällen hat es auch Disziplinarverfahren gegeben. Generalsuperintendent Jacob meinte dazu: «Was soll man die Pfarrer mit disziplinarischen Maßnahmen zum Bleiben zwingen; es entsteht ja doch der fatale Eindruck, als seien die Gebliebenen nur ein Haufen von verhinderten Deserteuren.» Zum Glück kann man sagen, daß die große Mehrheit der Pfarrerschaft und der anderen Mitarbeiter aus Überzeugung auf ihrem Posten geblieben ist.

Viele Diskussionen gab es schließlich noch um die Frage, wie sich die Pfarrer zu den «Wahlen» in der DDR stellen sollten. 1958 ist kirchlicherseits zum letzten Mal in aller Form gegen die Art und Weise der Durchführung dieser Wahlen protestiert worden. Die Entscheidung, wie er sich zur Wahl verhält, hatte natürlich jeder für sich selber zu treffen. Ich habe in den vierzig Jahren nur zweimal ein Wahllokal besucht, 1946 und 1968. 1946 waren noch Parteien zu wählen. 1968 – bei der Abstimmung über die neue Verfassung – war immerhin ein Kreis für das «Nein» auf dem Wahlzettel vorhanden. Bei allen übrigen Veranstaltungen dieser Art gab es nichts zu wählen. Die Kandidaten waren festgelegt. Es galt lediglich, den Zettel zu kniffen und in die Urne zu werfen. Der Volksmund schuf für diesen Vorgang das bittere Wort «Viehzählung». Natürlich stand irgendwo in der Ecke eine Kabine. Wer dort hineinging, geriet jedoch in den Verdacht, an dem Zettel Manipulationen vorzunehmen. Man konnte einzelne Namen oder den ganzen Zettel durchstreichen oder das Wort «ungültig» draufschreiben. Wie sich die verschiedenen Protestmöglichkeiten im «Wahlergebnis» niederschlugen, ist nie geklärt worden.

In den ersten Jahren hat sich eine starke Mehrheit der Pfarrer und auch der leitenden Kirchenleute demonstrativ an den Wahlen nicht beteiligt. Als noch in den sechziger Jahren alle 21 Pfarrer des Kirchenkreises Finsterwalde den Wahlen fernblieben, wurde ich zur Rede gestellt. Die staatlichen Stellen warfen mir vor, mein Amt als Superintendent mißbraucht zu haben, indem ich Druck ausgeübt hätte. Der politischen Leitung des Kreises war es anscheinend unvorstellbar, daß Menschen ohne Zwang von oben, sondern aus eigener Überzeugung zu einem gemeinsamen Handeln kommen. In späteren Jahren haben die Totalverweigerer vielerorts nur noch eine Minderheit dargestellt.

Es gab drei mögliche Verhaltensweisen. Erstens: Hingehen und einfach den Zettel in die Urne stecken, wie es fast alle machten. Dann hatte man keine Scherereien. Dabei mußte man allerdings in Kauf nehmen, daß eine Ehrenbezeugung vor dem Gesslerhut von der anderen Seite immer als Sieg und von den eigenen Leuten als Schmach empfunden wird. Mancher entschuldigte sich damit, daß es sich wegen einer solchen Sache, die doch gar nicht ernst zu nehmen sei, nicht lohne, sich und andere zu gefährden. Zweite Möglichkeit: Hingehen, die Kabine benutzen und Streichungen vornehmen. Das wurde zwar negativ vermerkt, konnte aber formal nicht beanstandet werden. Manche meinten, durch diese sicher nicht eindeutige Haltung wenigstens andere zu ermutigen, ebenfalls in die Kabine zu gehen. Dritte Möglichkeit: Nicht zur Wahl gehen. Darin sah ich mit vielen Gleichdenkenden das einzig klare Votum, um ein grundsätzliches Nein zu diesem unwürdigen Wahlverfahren zum Ausdruck zu bringen. Viele Gemeindeglieder, die wegen ihrer beruflichen Situation meinten, den ihr Gewissen bedrückenden Gang gehen zu müssen, erwarteten vom Pfarrer, daß wenigstens er den ihm gegebenen größeren Freiraum stellvertretend für andere dazu nutzte, ein Zeichen zu setzen. Die Menschen achten ja im allgemeinen weniger auf Stellungnahmen der Kirchenleitung als auf das Verhalten des Vertreters der Kirche, den sie kennen.

Ich schildere diese Dinge so ausführlich, weil hier deutlich wird, bei welchen Gelegenheiten eine Möglichkeit gegeben war, gewaltlosen Widerstand zu praktizieren. Natürlich war dieser Weg nicht bequem. Vor den Wahlen wurde man von Funktionären bearbeitet, die teilweise mit verhüllten Drohungen arbeiteten. Hinterher konnten Nackenschläge kommen, zum Beispiel Nichtgenehmigung irgendwelcher Anträge. Beharrliche Nichtwähler wurden aber manchmal auch als «hoffnungslose Fälle» in Ruhe gelassen. Dabei bewahrheitete sich das Wort: «Ist der Ruf erst ruiniert, lebt es sich ganz ungeniert.»

In diesem Zusammenhang muß ich von einem Ereignis berichten, das zeigt, welchen Wert die staatliche Seite auf eine möglichst eindeutige Wahlbeteiligung der Kirchenleute legte. Im Januar 1964 fand in der Berliner Stephanusstiftung eine harte Aussprache statt. Auf der einen Seite saß Staatssekretär Seigewasser, der viele Jahre für Kirchenangelegenheiten zuständig war, mit seinem ganzen Stab, auf der anderen Seite die Kirchenleitung von Berlin-Brandenburg unter Vorsitz des kommissarisch amtierenden Superintendenten Figur. Fast alle Kirchenleitungsmitglieder, darunter auch der damalige Generalsuperintendent Schönherr aus Eberswalde, waren der letzten Wahl ferngeblieben. Nun wurden wir aufgefordert, zu unserem Verhalten Stellung zu nehmen. Wir hätten jede Äußerung dazu mit dem Hinweis ablehnen können, daß keine gesetzliche Wahlpflicht bestand und wir zu keiner Stellungnahme verpflichtet seien. Das wäre aber ein Ausweichen gewesen. Gern nutzten wir die Gelegenheit zu einigen klaren Worten. Albrecht Schönherr sagte unter anderem, daß er die Außenpolitik der DDR durchaus bejahen könne, aber nicht für die Innenpolitik durch Teilnahme an der Wahl einen Blankoscheck erteilen wolle.

Danach kam ich zu Wort und erklärte, daß ich meine grundsätzliche Ablehnung des totalen Führungsanspruches der SED, der nicht zuletzt in diesem Wahlsystem zum Ausdruck komme, eindeutig bezeugen müsse. Diese Aussage löste eine unglaublich scharfe Reaktion des Staatssekretärs aus. Volle vierzig Minuten redete er auf mich ein, mehrfach den Zeigefinger erhebend, dann aber auch immer wieder die feierliche Anrede benutzend: «Herr Superintendent Steinlein!» Er sagte wörtlich: «Sie scheinen es nicht zu wissen, daß Sie zu den Leuten mit den meisten roten Strichen in der DDR gehören. Bedenken Sie: In der Französischen Revolution rollten die Köpfe von Tausenden Geistlichen. Darüber hat sich die Welt zuerst ein bißchen aufgeregt, dann aber hat kein Hahn mehr danach gekräht...» In dieser Art ging es fast eine Dreiviertelstunde lang. Die Kirchenleitung hat das schweigend hingenommen. Superintendent Figur sagte lediglich, das sei wohl eine reichlich harte Rede gewesen. Der Zwischenfall zeigt, wie sehr sich das Klima zwischen Staat und Kirche Mitte der sechziger Jahre verschlechtert hatte.

IV Das Ende der kirchlichen Einheit

Viele Jahre hindurch mußte die DDR um ihre internationale Anerkennung kämpfen. Alle Welt sollte es begreifen, daß es neben der Bundesrepublik Deutschland nicht nur eine «Ostzone» gab, sondern einen wirklichen, souveränen Staat. Zu diesem Zweck mußte die Abgrenzung vom anderen Teil Deutschlands verstärkt werden. Hinzu kam das unstillbare Sicherheitsbedürfnis Moskaus. Nachdem die Mauer errichtet worden war, sollte alles beseitigt werden, was in irgendeiner Weise noch an die fortbestehende Einheit des deutschen Volkes erinnerte. Damals hörte ich den Satz: «Es gibt nur noch zwei Klammern der deutschen Einheit: das ‹Nationale Olympische Komitee› (NOK) und die ‹Evangelische Kirche in Deutschland› (EKD).» Die Einheit des deutschen Sports konnte man schnell auflösen, die Auseinandersetzung mit der Kirche gestaltete sich schwieriger. Zielbewußt ging man an die gestellte Aufgabe heran. Die organisatorische Einheit der EKD sollte zunächst behindert, dann völlig zerschlagen werden. Es mußte nur ein geeigneter Hebel gefunden werden, um anzusetzen.

Als solcher erschien den Machthabern der Militärseelsorgevertrag, der 1957 zwischen der Bundesregierung und der EKD abgeschlossen worden war. Adenauer und Dibelius hatten ihn unterschrieben. Es war eine für die Kirche außerordentlich günstige Vereinbarung. Eindeutig wurde festgestellt, daß die Soldaten Anspruch auf den geistlichen Dienst haben und daß dieser unter Aufsicht und Verantwortung der Kirche steht. Trotzdem erhob sich große Entrüstung, besonders in einigen westdeutschen Landeskirchen. Wurde durch diesen Vertrag nicht die Aufrüstung abgesegnet? Entstand hier nicht eine zu starke Verflechtung zwischen der Bundesrepublik und der EKD? Allzugern wurden solche Töne von der Führung der DDR aufgegriffen. Fortan wurde von der «Militärkirche» oder der «NATO-Kirche» geredet und Dibelius als «NATO-Bischof» beschimpft.

Übrigens wurde der Militärseelsorgevertrag von einer großen Mehrheit der EKD-Synode gebilligt. Fast alle Synodalen aus dem Ostbereich stimmten ihm zu. Sie taten es nicht nur aus Protest gegen staatliche Beeinflussungsversuche, sondern einfach deshalb, weil der Vertrag gut war. In Gesprächen mit Staatsvertretern machten wir uns folgende Argumentation zu eigen: «Auch ein sozialistisches Land wie Polen hat eine geregelte Seelsorge an Soldaten. Und wie ist es mit der Seelsorge an Angehörigen der DDR-Streitkräfte, denen kaum eine Gelegenheit zum Gottesdienstbesuch gegeben wird?» Zuweilen wird behauptet, mit diesem Vertrag habe die Leitung der EKD selbst zur Verschlechterung der Beziehungen zur DDR beigetragen. Ohne Zweifel wäre aber bei einem Verzicht auf diesen Vertrag der nächste sich bietende Anlaß benutzt worden, die Spaltung der Kirche voranzutreiben. Propst Grüber, der gute Beziehungen zu alten Kommunisten unterhielt und jahrelang der offizielle Vertreter des Rates der EKD bei der Regierung der DDR war, für die er viel Verständnis zeigte, wurde eines Tages von der DDR in dieser Funktion nicht mehr anerkannt. Es war klar, welche Stunde geschlagen hatte.

Die staatliche Kirchenpolitik war in all diesen Jahren klugerweise darauf gerichtet, Frontalangriffe gegen die Kirche oder gar gegen den christlichen Glauben nach Möglichkeit zu vermeiden. Wir sollten nicht wegen unseres Glaubens, sondern wegen angeblich staatsfeindlichen Verhaltens an den Pranger gestellt werden. Der schlimmste Vorwurf lautete, man sei gegen den Frieden. Wer sich kritisch zur DDR oder gar zur Sowjetunion äußerte, wurde zum Feind des Friedens deklariert. Es gab ein «Gesetz zum Schutze des Friedens», dessen Kautschukparagraphen es erlaubten, gegen jeden unliebsamen Bürger ohne Mühe einen Schuldvorwurf zu konstruieren. Niemals sollte der Eindruck entstehen, man sei gegen «die Christen» oder gar gegen «alle Christen». Es sollte vielmehr immer unterschieden werden zwischen der großen Schar der friedlichen und kooperationswilligen Christenmenschen einerseits und den «kalten Kriegern» andererseits, die als Minderheit zu isolieren seien.

Des weiteren gehörte es zur Strategie der DDR-Kirchenpolitik, innerhalb der Kirche «Brückenköpfe» zu schaffen. Dazu dienten teilweise eingeschleuste Stasiagenten, meistens aber setzte man auf Kirchenleute, die – wegen ihrer «linken» Grundeinstellung oder wegen ihrer Kritik an der Linie der Bundesrepublik – freiwillig und aus Überzeugung für einen eigenständigen Kurs der Kirche in der DDR eintraten. Besonders nach dem Mauerbau, als viele meinten, wir seien für unabsehbare Zeit eingeschlossen, mehrten sich die Stimmen, die forderten, man müsse nun den Realitäten ins Auge sehen und daraus Konsequenzen ziehen.

Welche Realität aber war gemeint? Die Allmacht des kommunistischen Systems und der herrschenden Partei lastete drückend. Die Verzagtheit vieler angesichts der staatlichen Übermacht ließ mich bisweilen jedoch an das Kaninchen denken, das fasziniert auf die Schlange starrt, von ihr hypnotisiert und dann gefressen wird. Das Regime war erstens nur scheinbar auf Dauer gefestigt, und zweitens hätten wir als Christen wissen müssen, daß wir uns auf die eigentliche und letzte Realität zu orientieren haben, auf Gott, der alles in Händen hält und die Welt von heute auf morgen verändern kann. Das Jahr 1989 hat gezeigt, wie morsch das Regime war, vor dem jahrelang allzu viele gezittert haben. Leider muß hart und klar festgestellt werden, daß sich in unserer Kirche neben allem Mut einzelner auch viel Kleingläubigkeit offenbart hat. Sie wirkte sich in wachsender Anpassungsbereitschaft aus.

Schon 1958 wurde bei einer Begegnung zwischen Staats- und Kirchenvertretern das sogenannte «Kommuniqué» verfaßt, in dem der Satz stand: «Die Christen respektieren die Entwicklung zum Sozialismus.» Zwar war diese Formulierung noch vorsichtig, aber sie konnte doch als Weichenstellung angesehen werden. Übrigens hat beim Zustandekommen dieses Kommuniqués Oberkirchenrat Lotz aus Eisenach seine Hand im Spiele gehabt, von dem heute bekannt ist, daß er seit 1955 engstens mit der Staatssicherheit zusammengearbeitet hat.

Noch bedenklicher war ein Brief, den die evangelischen Bischöfe in der DDR 1968 aus Lehnin an Walter Ulbricht gerichtet haben. Es ging um die Diskussion über eine neue Verfassung. Dort heißt es: «Als Staatsbürger sehen wir uns vor die Aufgabe gestellt, den Sozialismus als eine gerechtere Gestalt des Zusammenlebens zu verwirklichen.» Bei aller Behutsamkeit der Formulierung kann man nicht umhin, hierin eine indirekte Parteinahme für den Sozialismus zu erkennen. Es ist kein Wunder, daß Sätze dieser Art bei den westdeutschen Landeskirchen zumindest Verwunderung auslösten.

Um diese Zeit, Ende der sechziger Jahre, rückte die Frage der Einheit der «Evangelischen Kirche in Deutschland» (EKD) immer mehr in den Mittelpunkt der Diskussion. Das mühsame Festhalten an der Einheit sei nur noch ein

Krampf, meinten die Gegner, es werde schon aus technischen Gründen immer schwieriger, sich mit dem Westen auszutauschen und abzustimmen. Sie warfen den Verteidigern der EKD-Einheit vor, daß sie mehr aus nationalen Gründen handelten als aus theologischen. Die Kirche müsse sich jedoch von dem Verdacht befreien, vom Westen gesteuert zu sein. Eine eigenständige Kirche in der DDR könne viel konkreter zu den hier vorliegenden Problemen Stellung nehmen. Die Einheit könne ja geistlich aufrechterhalten werden, wie mit anderen Kirchen der Ökumene auch. Die organisatorische Einheit sei jedenfalls sekundär.

Die Meinung der anderen Seite, die von der Mehrheit geteilt wurde, sah etwa so aus: Es sind nicht in erster Linie nationale Motive, die uns leiten, wenn diese auch nicht zu verachten sind (Stichwort: Klammerfunktion). Es geht vielmehr um die eminent geistliche Frage, ob Staatsgrenzen zugleich Kirchengrenzen sind. Bei der deutsch-deutschen Grenze handelt es sich überdies nicht um eine normale Staatsgrenze, sondern vielmehr um eine Trennlinie zwischen zwei Gesellschaftsordnungen. Gerade in dieser Situation soll die grenzüberschreitende und verbindende Funktion der Kirche sich bewähren. Natürlich muß konkret auf die speziellen Fragen der Menschen im jeweiligen Bereich eingegangen werden, nicht immer wird die Abfassung eines für Ost und West zugleich hilfreichen Wortes möglich sein. Die Erhaltung der Kircheneinheit bleibt dennoch Voraussetzung aller weiteren Arbeit, weil nur so erreicht werden kann, daß beide immer auch die jeweils andere Seite im Blick behalten und sich gegenseitig, wo es nötig ist, kritisch in Frage stellen.

Auch die rein organisatorische Einheit kann nicht preisgegeben werden. Sie ist als eine gewachsene Größe vorhanden. Sie unter dem Druck des Staates und aus politischen

Gründen aufzugeben, käme einem Verrat an der Sache gleich. Bei einer Trennung in zwei Kirchenkörper wächst die Gefahr einer Vereinnahmung durch das jeweilige politische System. Gern wurde von den Befürwortern der Einheit Artikel 3 des Barmer Bekenntnisses von 1934 zitiert: «Wir verwerfen die falsche Lehre, als dürfe die Kirche die Gestalt ihrer Botschaft und ihrer Ordnung (!) ihrem Belieben oder dem Wechsel der jeweils herrschenden weltanschaulichen und politischen Überzeugungen überlassen.»

Solche Argumente wurden im April 1967 auf einer Synodaltagung der östlichen Mitglieder der EKD-Synode ausgetauscht. Da die Gesamtsynode seit 1961 nicht mehr gemeinsam tagen konnte, wurde versucht, zeitgleich zu tagen, so daß eine enge Kommunikation möglich war. Die Synodalen aus der Bundesrepublik trafen sich im Frühjahr 1967 in Berlin-Spandau, wir hatten uns für Fürstenwalde entschieden. Die Samariteranstalten, in denen die Sitzungen stattfanden, und auch unsere Quartiere in Bad Saarow waren in ungenierter Offenheit von Kräften der Polizei – genauer gesagt der Stasi – umstellt. Überall sah man Uniformierte und Wagen mit Abhörvorrichtungen. Alles wurde genauestens beobachtet. Unmittelbar vor der Tagung waren viele Teilnehmer im persönlichen Gespräch massiv unter Druck gesetzt worden. Dennoch legte die Synode mit überwältigender Mehrheit ein Bekenntnis zum Fortbestand der «Evangelischen Kirche in Deutschland» ab. Für mich, der ich viele Synoden miterlebt habe, war dies ein großes Erlebnis.

Um so schlimmer war der Schock, als kurz danach bekannt wurde, daß innerkirchliche *Geheimverhandlungen* zur Bildung eines «Bundes der Evangelischen Kirchen in der DDR» angelaufen seien. Die Einheit der Evangelischen Kirche in Deutschland begann zu zerbrechen. Die massiven

Bemühungen der SED, dieses Ziel zu erreichen, zeigten erste Erfolge.

Am 5. August 1968 legte Paul Verner – damals für Kirchenfragen zuständiges Mitglied des SED-Politbüros – Walter Ulbricht ein Papier vor, in dem er die kirchenpolitische Aufgabenstellung wie folgt umschrieb:

1. Selbständige, unabhängige, nicht mehr der EKD angehörige Landeskirchen in der DDR als legitime kirchliche Organisationsform und Verhandlungspartner des Staates.
2. Förderung aller positiven politischen Bestrebungen zur organisatorisch-juristischen Verselbständigung der DDR-Kirchen, aber keine Äußerung eines staatlichen Standpunktes zur Form des Zusammenschlusses in der DDR.
3. Forcierung innerkirchlicher Widersprüche.

Zwei Monate zuvor, am 5. Juni 1968, hatte die Leitung der ostdeutschen Landeskirchen in «vorauseilendem Gehorsam» beschlossen, eine Verhandlungs- und Strukturkommission einzusetzen, deren Aufgabe es war, die Trennung von der EKD einzuleiten.

Wie kam es zu diesem erstaunlichen Sinneswandel? Zwischen der klaren Entscheidung der Fürstenwalder Synode von 1967 und dem eben genannten Beschluß lagen gerade einmal vierzehn Monate. Schon damals spielten die Namen Schönherr und Stolpe eine wichtige Rolle. Andererseits wirkten auch Männer mit wie Bischof Fränkel in Görlitz und Propst Ringhandt in Berlin, von denen bekannt war, daß sie gegenüber dem Staat stets eine mutige Position einnahmen. Welche Motive haben sie bewogen, sich für die Bildung eines eigenständigen Kirchenbundes in der DDR einzusetzen?

Äußerer Anlaß war zunächst die bereits erwähnte Diskussion um eine neue Verfassung der DDR, die in einer Volksabstimmung am 6. April 1968 gutgeheißen worden war. In den Debatten ging es immer wieder um die Artikel, in denen das Verhältnis von Staat und Kirche definiert wurde. In der Verfassung von 1949, die sich noch eng an die Verfassung der Weimarer Republik angelehnt hatte, gab es mehrere für die Kirche günstige Artikel. Inzwischen hatte sich die «Verfassungswirklichkeit» längst von den Buchstaben dieser Artikel entfernt. Jetzt hieß es im neuen Artikel 20, Satz 2 lapidar: «Glaubens- und Gewissensfreiheit sind gewährleistet.» Um das Wort Gewissensfreiheit ist übrigens besonders hart gerungen worden, weil es weiter reicht als das Wort Glaubensfreiheit.

Und dann kam der bewußt vage gehaltene und zugleich drohende Artikel 39, Absatz 2: «Die Kirchen und anderen Religionsgemeinschaften ordnen ihre Angelegenheiten und üben ihre Tätigkeit aus in Übereinstimmung mit der Verfassung und den gesetzlichen Bestimmungen der DDR. Näheres kann durch Vereinbarung geregelt werden.» Der Staat wollte sich alle Optionen offenhalten und besonders durch den letzten Satz unterstreichen, daß die künftige Entwicklung der Beziehungen vom Wohlverhalten der Kirche abhänge. Kirchenjuristen sahen bei der Prüfung dieses Textes vor allem die Worte «in Übereinstimmung mit der Verfassung und den gesetzlichen Bestimmungen der DDR». Es wurde die Befürchtung laut, daß die Landeskirchen in der DDR in einen Zustand der Illegalität geraten könnten, wenn sie einer Organisation angehörten wie der EKD, die ihren Sitz in Hannover hat, also außerhalb der DDR. Allein der Gedanke an eine derartige Möglichkeit löste eine solche Panik aus, daß die klaren Worte der Fürstenwalder Synode darüber in Vergessenheit gerieten. Man wollte es erst gar nicht auf den Ernstfall ankommen lassen.

Es gab noch einen anderen Grund, der es vielen ratsam

erscheinen ließ, eine Verabschiedung von der EKD in die Wege zu leiten. Das war die Befürchtung, die staatliche Seite könnte die eine Landeskirche gegen die andere ausspielen, wobei man sich natürlich besonders um Thüringen als den schwächsten Punkt sorgte. Führende Kirchenleute meinten, in dieser Angelegenheit müsse die Kirche die Initiative behalten, um möglichst viel an Gemeinsamkeit – auch mit der EKD – zu retten. Als im Oktober 1968 die östlichen Mitglieder der EKD-Synode ein letztes Mal in Halle tagten, wurde der Satz beschlossen: «Die vorgesehene Neuregelung darf nicht das Ende der EKD bedeuten.» In den westdeutschen Landeskirchen wurde zu dieser Zeit ein «Zwillingskirchenmodell» erarbeitet, in dem die beiden Teile noch immer unter einem Dach vereinigt geblieben wären.

Nachdem erst einmal der Weg des Nachgebens eingeschlagen worden war, liefen die Dinge mit einer gewissen Zwangsläufigkeit. Beim Blättern in meinen Tagebüchern finde ich im September 1968 die Eintragung: «Niederschmetternder Entwurf der Strukturkommission!» Das Ende der *einen* Evangelischen Kirche in Deutschland war beschlossene Sache. Der 10. Juni 1969 wurde dann zum Geburtstag eines «Bundes der Evangelischen Kirchen in der DDR». Hierbei kann ich die für einen Lutheraner schmerzliche Tatsache nicht unterschlagen, daß die lutherischen Landeskirchen in der DDR (Thüringen, Sachsen, Mecklenburg) bereits am 1. Dezember 1968 aus dem Verband der «Vereinigten Evangelisch-Lutherischen Kirche Deutschlands (VELKD)», dem Zusammenschluß der lutherischen Landeskirchen innerhalb der EKD, ausgeschert waren.

Mußte es so kommen? Waren diese Entscheidungen unausweichlich? Darüber ist in den folgenden Jahren in kirchlichen Kreisen viel diskutiert worden, zumal da anderen Kirchen diese Art von Trennung erspart geblieben ist. Die katholische Kirche hat niemals den Satz anerkannt, daß Staatsgrenzen zugleich Grenzen der kirchlichen Organisation sein müßten. Der betont internationale Charakter der römisch-katholischen Kirche bot in der Auseinandersetzung mit der DDR-Führung sicherlich eine günstigere Ausgangslage. Da ein großer Teil der katholischen Gemeinden auf dem Gebiet der DDR zu Bistümern gehörte, die ihren Sitz in der Bundesrepublik haben, etwa zu Paderborn, Osnabrück und Fulda, ließ die DDR-Führung nichts unversucht, in Rom eine Anpassung der Diözesangrenzen an die Staatsgrenze durchzusetzen. Es wurden Zwischenregelungen getroffen, die eine Leitung durch in der DDR residierende apostolische Administratoren sicherstellten, aber in der Hauptfrage bewies die katholische Kirche Standhaftigkeit: Juristisch blieb alles beim alten, eine Neuregelung der Bistumsgrenzen fand nicht statt, und zu Honeckers Verdruß gab es auch keinen Nuntius in Ost-Berlin.

Mancher Leser dieses Buches wird sich vielleicht wundern, daß erst an dieser Stelle von der katholischen Kirche die Rede ist, obwohl sie doch all die Jahre ein wichtiger Faktor war. Das gilt trotz der Tatsache, daß sie auf dem Gebiet der ehemaligen DDR zahlenmäßig erheblich schwächer vertreten ist als die evangelische Kirche. Aufgrund meiner langjährigen Beschäftigung mit konfessionskundlichen Fragen war meine Aufmerksamkeit immer auch auf die Entwicklung der katholischen Theologie und speziell auf das Verhalten der katholischen Kirche in der DDR gerichtet. Alles in allem muß heute festgestellt werden, daß sich die katholische Seite nach meiner Meinung in vieler Hinsicht klüger verhalten hat als wir Protestanten.

Es ist bedauerlich, daß der Vergleich zwischen den beiden

großen Kirchen und die Frage, wie sie sich den staatlichen Zumutungen widersetzt haben, da und dort zum Anlaß für gegenseitige Vorwürfe geworden ist. So wird von katholischer Seite gelegentlich gesagt: Da seht ihr es wieder, die Protestanten sind anfälliger für den jeweiligen Zeitgeist, sie haben sich gegenüber dem atheistischen Marxismus nicht genug abgegrenzt, haben sich über Gebühr mit den herrschenden Kräften eingelassen, ihre Pfarrerschaft hat weniger Geschlossenheit gezeigt. Von evangelischer Seite wird gekontert: Die katholische Kirche hat zuviel geschwiegen, sie war zu sehr nur auf Wahrung ihrer eigenen Interessen bedacht und hat zuwenig für bedrängte Menschen getan, sie hat durch ihr passives Verhalten nichts bewegt, steht aber nach der Wende als der große Gewinner da. Manch einer denkt dabei im stillen an den hohen Prozentsatz von Katholiken, die nach der Wende in leitende Stellungen rückten; so waren vorübergehend von den fünf Ministerpräsidenten der neuen Bundesländer vier Katholiken.

Solche gegenseitigen Vorwürfe sind oft ungerecht und verschlechtern das ökumenische Klima. Dabei haben doch gerade die Erfahrungen in der NS-Zeit und in der DDR gezeigt, wie wichtig das Zusammenhalten der christlichen Konfessionen ist. Gemeinsam standen sie unter dem Druck einer den gesamten christlichen Glauben ablehnenden Weltanschauung.

Die Tatsache, daß in den Auseinandersetzungen der vergangenen Jahrzehnte von der katholischen Kirche weniger die Rede war, hängt zunächst damit zusammen, daß der Prozentsatz katholischer Bürger verhältnismäßig niedrig war. Es entsprach kommunistischer Taktik, in erster Linie die Konfession ins Visier zu nehmen, die traditionell die Mehrheit stellte: in Rußland die orthodoxe, in Polen die katholische Kirche. Zuweilen sind nach der Devise «Teile und herrsche» die jeweiligen Minderheitskirchen bewußt freundlich behandelt worden.

Auch der Vorwurf, daß die katholische Amtskirche zuviel geschwiegen habe, trifft nur bedingt zu. Sie hat deutlich geredet, wo es um weltanschauliche Abgrenzung ging. Deutlicher als bei den Protestanten wurde der atheistische und kirchenfeindliche Charakter des Marxismus herausgestellt. Die Forderung nach christlichen Schulen wurde nie aufgegeben. Die DDR wurde als ein Staat angesehen, den man nur erleiden, aber nicht ausdrücklich bejahen könne. Das Wort «Sozialismus» wurde vermieden. Unvergeßlich der Satz des Dresdner katholischen Bischofs Spülbeck: «Für den katholischen Christen ist die DDR ein fremdes Haus. Er hat an dessen Grundlagen nicht mitgebaut, er hält sie sogar für falsch. Die Frage ist nur: Wer macht in diesem Haus die Treppe sauber?»

Gewiß, nicht immer nahmen die katholischen Bischofsworte so konkret zu politischen Problemen des Landes Stellung, wie es in entsprechenden evangelischen Äußerungen geschah. Besonders in der Wehrdienstfrage war größere Zurückhaltung festzustellen. Das liegt natürlich auch daran, daß der Pazifismus in der katholischen Kirche grundsätzlich kritischer beurteilt wird als bei vielen Protestanten. Zu beobachten war bei katholischen Seelsorgern generell, daß sie ihre Gemeindeglieder nicht überfordern wollten, wenn es um die Frage ging, inwieweit man offen zu widerstehen habe. Dahinter stand die uralte Erfahrung, daß die meisten Menschen weder zu Helden noch zu Märtyrern geboren sind. Es wurden Verhaltensweisen empfohlen, die nicht immer gleich als «jesuitisch» abgetan werden sollten.

Daß die katholische Geistlichkeit den Eindruck größerer Geschlossenheit erweckte, hängt natürlich mit der hierarchischen Struktur des Katholizismus zusammen – da gibt es vieles, was ein Protestant schwerlich mitvollziehen kann. Ich denke an so manchen Priester, der jedes Gespräch mit Staatsvertretern mit der Begründung ablehnte, Partner für politische Gespräche mit dem Staat sei bei ihnen nur der Bischof. Es sei zugegeben, daß ein solches Verhalten auch eine Schutzfunktion haben kann. Dennoch scheint es fraglich, ob der schweigende Pfarrer ein überzeugender Vertreter mutigen christlichen Glaubens ist.

Zuweilen allerdings ist Schweigen besser als eine zu große Redseligkeit. Während von evangelischer Seite umfangreiche Denkschriften zu auffallend vielen Themen von aktueller Brisanz veröffentlicht wurden, hat die katholische Kirche zu Fragen der Gesellschaftsordnung oder zur Friedensfrage oft so beharrlich geschwiegen, daß man das Schweigen beinahe hören konnte. Dahinter stand die Überzeugung, daß man ohnehin nicht alles so deutlich sagen könne, wie es eigentlich fällig wäre. Und so klausuliert reden, daß es anpasserisch hätte wirken können, wollte man auch nicht. Wenn die katholische Kirche die vom Staat erhofften Worte etwa zum Jubiläum der russischen Oktoberrevolution oder zum Gedenken an den 8. Mai 1945 bewußt unterließ, so war dieses Schweigen eine deutliche Aussage.

Überhaupt erwies sich die katholische Kirche in den Zeiten der DDR erneut als eine Gemeinschaft, die durch das Denken in größeren Zeiträumen Gelassenheit gelernt hat. Das gilt auch für die orthodoxe Kirche des Ostens. Als Bischof Dibelius im Gespräch mit einem alten russischen Bischof, der Furchtbares in Stalins Lagern erlebt hatte, diesen fragte, was er vom kommunistischen System halte, kam die kurze Antwort: «Ein Wölklein nur – es vergeht.» Manchmal müßten auch wir evangelische Christen uns ernsthaft fragen, ob wir auf die Probleme der Zeit nicht zu kurzatmig und manchmal zu wortreich reagieren.

Ich bin bemüht, über den Weg der katholischen Kirche in der DDR gerecht zu urteilen, weil ich dabei an Luthers Erklärung zum achten Gebot denke, wonach wir voneinander «Gutes reden und alles zum Besten kehren» sollen. Es wäre erfreulich, wenn die katholische Seite weiterhin bereit wäre, den Weg der evangelischen Kirche in den hinter uns liegenden Prüfungszeiten verständnisvoll zu betrachten. Beide Kirchen waren gewillt, ihren Auftrag gegenüber den Menschen dieses Landes in vertretbarer Weise zu erfüllen. Wir sollten nicht fragen, wer sich tapferer geschlagen hat, sondern vielmehr versuchen, gemeinsam aus den Erfahrungen zu lernen.

Es trifft leider zu, daß der ökumenische Geist vielerorts zu wünschen übrig läßt. Der Enthusiasmus vergangener Jahre scheint gewichen zu sein. Wir sehen die Problematik wieder nüchterner. Die Unterschiede zwischen den großen Konfessionen können nicht einfach überspielt werden. Dennoch sollte der gemeinsame Glaube an Christus stärker sein als alles Trennende. Dieser Glaube hat den Christen im Osten Deutschlands die Kraft gegeben, fast ein halbes Jahrhundert totalitärer Herrschaft durchzustehen.

Zurück zur Gründung des Kirchenbundes 1969. Ruhmreich hervorzuheben ist dabei das Verhalten der Evangelischen Kirche der Union (EKU). Es handelt sich um den gesamtdeutschen Zusammenschluß der Landeskirchen auf dem Gebiet des alten preußischen Staates in den Grenzen, die bis 1866 galten. Im Westen gehören dazu Rheinland und Westfalen. Auch hier drängte die DDR mit Macht auf eine Trennung. Aber die EKU ist standhaft geblieben, und der Staat hat sich damit abgefunden. Zu unterstreichen sind dabei die Verdienste des damaligen Präsidenten der Kirchenkanzlei der EKU, des wackeren Ostpreußen Hildebrandt.

Natürlich waren auch die Organe der EKU nicht mehr in der Lage, gemeinsam zu tagen. Eine Gliederung in zwei Regionen war unvermeidlich, aber immerhin blieb man unter einem gemeinsamen Dach. In einer der entscheidenden Sitzungen der EKU fiel der Satz: «Der Staat kann die Trennung nur administrativ verfügen; dann kann man sie nur erleiden, aber selbst vollziehen kann man sie nicht.» Es wäre der Glaubwürdigkeit der Kirche dienlich gewesen, hätte man diesen Satz 1968, vor Gründung des DDR-Kirchenbundes, mehr bedacht.

Gegen die geplante Schaffung des Kirchenbundes gab es starken innerkirchlichen Widerstand, obwohl die Befürworter die ganze Autorität ihres leitenden geistlichen Amtes einsetzten und angsterregend auf die Gefahren einer Ablehnung hinwiesen. Jede landeskirchliche Synode mußte mit einer Zweidrittelmehrheit ihre Zustimmung zum Kirchenbund beschließen. Es gab also eine Sperrminorität von einem Drittel der Mitglieder. In Berlin-Brandenburg ist im April 1969 diese Sperrminorität mit nur einer Stimme verfehlt worden. Ich weise ausdrücklich darauf hin, weil hier deutlich wird, daß es immer auch eine starke Opposition zum Kurs der leitenden Kirchenmänner gegeben hat.

Bei den Opponenten handelte es sich nicht um eine in sich geschlossene oder gar organisierte Gruppe. Eher könnte man von Geistesverwandten sprechen, die oft auch ohne Vorabsprache einmütig votierten. Es würde zu weit führen, wenn ich Namen nennen wollte. Herausstellen möchte ich nur, daß es unter den Opponenten viele Nichttheologen gab, die in einem weltlichen Beruf tätig waren und angesichts ihrer dadurch bedingten Abhängigkeit bei einer kritischen Stellungnahme mehr Mut aufbringen mußten als die durch ihr Amt geschützten Theologen. Zu erwähnen ist ferner, daß es zwischen den Vertretern der verschiedenen Richtungen meistens nicht das schlechte Klima gab, wie man es oft in Parlamenten beobachten muß. Es konnte auch bei starken Spannungen ein «Grundvertrauen», das man zueinander hatte, erhalten bleiben. Heute wissen wir, daß dieses Vertrauen von Spitzeln in unseren Reihen mißbraucht worden ist.

Mit Gleichgesinnten stand ich in diesen Wochen vor einer schwerwiegenden Entscheidung. Nach unserer Überzeugung hatte sich unsere Kirche mit der Trennung von der EKD auf einen Irrweg begeben. Es war – so sahen wir es jedenfalls – nicht aus einem starken Glauben, sondern aus Kleingläubigkeit gehandelt worden. War hier der Punkt erreicht, den die Theologen als «Status confessionis» bezeichnen, jene Situation, in der unbedingt widerstanden werden muß, weil «der Seelen Seligkeit», also das ewige Heil, tangiert ist? Wir kamen zu dem Ergebnis, daß dieser Punkt nicht erreicht ist, solange die Möglichkeit besteht, über zwangsmäßig gezogene Grenzen hinweg für die Erhaltung der kirchlichen Gemeinschaft zu kämpfen.

Aus diesem Grunde habe ich mich, nachdem ich auf der genannten Synode mit meinen Freunden überstimmt worden war, bereit erklärt, für die erste Synode des Kirchenbundes zu kandidieren. Obwohl als Gegner der Kirchentrennung bekannt, wurde ich mit beachtlicher Stimmenzahl gewählt. Es ging mir darum, mit allen Kräften dafür einzutreten, daß ein Abgleiten des Kirchenbundes in eine Politik der Anpassung vermieden und die Gemeinschaft mit den westdeutschen Landeskirchen unverändert gepflegt wird.

In dieser Hinsicht gab es tatsächlich einen Lichtblick. Für die neue Bundesordnung war ein Artikel 4 (Absatz 4) vorgesehen, in dem von der fortbestehenden besonderen Gemeinschaft innerhalb der evangelischen Christenheit in Deutschland die Rede war. Damit war klargestellt, daß die Beziehungen der deutschen evangelischen Kirchen untereinander nicht nur ökumenischer Natur sind, wie wir sie zu allen Kirchen in der Welt haben, sondern geprägt von gemeinsamer Nationalität, Geschichte und Sprache, besonders aber durch den gemeinsamen Weg seit der Reformation. Mit aller Macht hat die staatliche Seite mit Hilfe ihrer kirchlichen Helfershelfer versucht, diesen Artikel zu streichen beziehungsweise abschwächend interpretieren zu lassen. Diese Versuche sind gescheitert.

Die ersten beiden Synodaltagungen des Bundes, die 1969 und 1970 in Potsdam-Hermannswerder stattfanden, standen ganz im Zeichen der aus der Trennung sich ergebenden Folgen. Auch rein praktisch gab es viele Dinge zu regeln. Bei der Tagung 1969 hatte ich den Unterausschuß «EKD und Kirchenbund» zu leiten. Ziel war es, daß der Übergang in einer geordneten und die Kontinuität sichernden Weise geschieht. Hierzu mußten zahlreiche Überleitungsgesetze beschlossen werden. Wichtig war es dabei, mit den zuständigen Stellen der EKD Kontakt zu halten.

Wenn auch mit der Abspaltung der östlichen Landeskirchen von der EKD ein Hauptziel der DDR-Kirchenpolitik erreicht war, begegneten die staatlichen Organe dem neuen Kirchenbund zunächst mit abwartender Reserve. Erst am 24. Februar 1971 wurde durch einen Empfang des Kirchenbundvorstandes durch Staatssekretär Seigewasser eine Art offizieller Anerkennung vollzogen. Diese scheinbare Zurückhaltung der SED soll nicht darüber hinwegtäuschen, daß die Trennung der Landeskirchen in der DDR von der EKD als großer Erfolg der staatlichen Kirchenpolitik gewertet wurde.

Im Zusammenhang dieses Kapitels muß zuletzt noch über

die besondere Situation in Berlin-Brandenburg berichtet werden. Diese Landeskirche war von der Ost-West-Problematik schon früh in extremer Weise betroffen. Bereits vor Errichtung der Mauer war vorsorglich eine Regelung für den Ernstfall ausgearbeitet worden. Bei einer Abtrennung West-Berlins sollte an der Einheit festgehalten werden; zugleich mußte in beiden Regionen die kirchliche Arbeit in relativer Eigenständigkeit weitergehen. Als 1961 dieser Ernstfall eintrat, konnte die Einheit nach außen nur im Festhalten an dem *einen* Bischofsamt symbolisiert werden. Bis 1966 bekleidete Otto Dibelius dieses Amt, dann der unter mancherlei Schwierigkeiten von beiden Regionalsynoden gewählte Bischof Scharf. Da er nur im Westteil seine Funktionen wahrnehmen konnte, mußte für Ost-Berlin und Brandenburg durch die dortige Kirchenleitung ein Verwalter des Bischofsamtes eingesetzt werden. Das war zunächst der Cottbuser Generalsuperintendent Jacob, später der Eberswalder Generalsuperintendent Schönherr.

Das nominelle Festhalten an dem *einen* Bischofsamt war für die fortbestehende Einheit der Landeskirche von großer Symbolkraft. Einem Außenstehenden mag es heute merkwürdig vorkommen, daß um eine scheinbare Formalie so heftig gerungen wurde. Dahinter aber stand die Grundsatzfrage, ob eine Kirche sich die Regelung ihrer inneren Ordnung von staatlicher Seite vorschreiben lassen dürfe. Die DDR-Führung jedenfalls hat kapiert, worum es hierbei ging. Mit zunehmender Schärfe drängte sie darauf, daß Albrecht Schönherr, der Verwalter des Bischofsamtes, in aller Form zum Bischof gewählt und in sein Amt eingeführt werde. Damit sollte die Trennung der beiden Regionen vollendet werden.

Die Synodaldebatten über diese Fragen waren heftig und teilweise unerfreulich. 1972 war die kirchliche Verfassung in dem Sinne geändert worden, daß eine Bischofswahl für den Ostbereich möglich wurde. Als es im November 1972 zu dieser Wahl kam, erreichte Albrecht Schönherr erst im dritten Wahlgang knapp die erforderliche Zweidrittelmehrheit, obwohl er der einzige ernsthafte Kandidat war, nachdem die Opposition aus grundsätzlichen Erwägungen die Nominierung eines eigenen Kandidaten abgelehnt hatte. Das knappe Ergebnis war für den neuen Bischof schmerzlich, weil er ja nicht als Neuling angetreten war, sondern schon mehrere Jahre hindurch faktisch das Amt wahrgenommen hatte. Das stärkte nicht gerade seine Position als Vorsitzender des gesamten Kirchenbundes. Da war schon wieder dieses eine Drittel der Synode, das sich querlegte.

An dieser Stelle sei etwas über die innere Befindlichkeit eines Menschen gesagt, der sich bei Abstimmungen oft in einer – wenn auch stattlichen – Minderheit sieht. Es entspricht den Gesetzen der Demokratie und des Parlamentarismus, sich den mit Mehrheit gefaßten Beschlüssen zu beugen. Und eine Synode ist ja so etwas wie ein Kirchenparlament. Es gibt allerdings Grundsatzfragen, die von solchem Gewicht sind, daß sie sich mit Mehrheitsentscheidungen nicht erledigen lassen. Wenn man hier gewissensmäßig in Konflikte gerät, müssen unter Umständen Konsequenzen gezogen werden, bis hin zu einem Austritt aus dem jeweiligen Gremium. Dieser Zeitpunkt sollte für mich erst einige Jahre später kommen. Aber schon mehrfach hatte ich am Rande dieser Entscheidung gestanden, die man als einigermaßen disziplinierter und demokratisch denkender Mensch nicht leichtfertig trifft. Hierin zeigt sich die Grenze der Demokratie in der Kirche: daß den Glauben berührende Fragen nicht mit Mehrheitsbeschlüssen entschieden werden können. Schon oft ist in der Geschichte die Wahrheit von einer Minderheit vertreten worden.

Am Ende hat es dann doch einen Punkt gegeben, wo die innerkirchliche Opposition in Berlin-Brandenburg einen Erfolg erzielen konnte. Im Jahre 1984 scheiterte der Versuch, den DDR-Kirchenbund zu einer «Vereinigten Evangelischen Kirche in der DDR» zu machen. Nachstehend ein kurzer Bericht über die Hintergründe.

Es liegt in der deutschen Geschichte, vor allem aber im Wesen des Protestantismus begründet, daß es in Deutschland nie eine zentralistisch geleitete Einheitskirche gegeben hat. Die evangelische Christenheit in unserem Land tritt organisatorisch vor allem in der Gestalt von Landeskirchen in Erscheinung. Von Mecklenburg bis Thüringen, von Niedersachsen bis Bayern bewegt man sich in den Grenzen, wie sie 1815 gezogen wurden. Das mag antiquiert erscheinen, entspricht aber durchaus vorhandenem Heimatgefühl und geschichtlich gewachsenen Bindungen. Wir sprechen von einem typisch deutschen Föderalismus. Wie der deutsche Staat ein Bund von Ländern ist, so ist die deutsche evangelische Kirche ein Bund von Landeskirchen. Das mag manchmal als Schwäche erscheinen, kann aber auch ein Zeichen von Stärke sein: Mannigfaltigkeit in der Einheit und Einheit in der Mannigfaltigkeit.

Hierbei ist wichtig, daß es nicht um eine der üblichen regionalen Besonderheiten geht, sondern um konfessionelle Unterschiede. Es gibt ganz ausgeprägt lutherische Landeskirchen, wie etwa Sachsen und Bayern, daneben – hauptsächlich im Westen Deutschlands – mehr vom Calvinismus geprägte reformierte Kirchen und auf dem Gebiet des einstigen Preußen die Kirche der Union, in der lutherische und reformierte Gemeinden unter einem Dach Gemeinschaft pflegen, ohne vorhandene Unterschiede zu verwischen. Diese Besonderheiten aus einem vordergründigen Einheitsstreben heraus nivellieren zu wollen, würde Verarmung bedeuten. Durch mangelnde Klarheit in Glaubensdingen, aber auch durch fehlendes geschichtliches Bewußtsein mag der Sinn für diese Besonderheiten weithin geschwunden sein, aber unterschwellig wirken sie durchaus weiter. Die EKD ist bei genauerem Hinsehen ein Bund von Kirchen, und die Gruppierung, die von 1969 bis 1991 unter Zwang davon abgetrennt war, nannte sich ja auch ausdrücklich im Plural «Bund Evangelischer Kirchen in der DDR».

Der Wunsch nach engerem Zusammenrücken ist ein legitimes christliches Anliegen. In einem ökumenischen Zeitalter ist der Drang zu größerer Einheit stärker als die Betonung von Unterschieden. Wenn dies schon für das evangelisch-katholische Verhältnis gilt, dann erst recht für die Nuancen der Unterschiede innerhalb des Protestantismus. So gab es in den sechziger und siebziger Jahren über die deutschen Grenzen hinaus intensive Lehrgespräche zwischen lutherischen und reformierten Theologen über noch Trennendes und schon Gemeinsames. Das Ergebnis war die 1973 beschlossene «Leuenberger Konkordie», benannt nach einem Ort in Basel. Sie wurde von allen deutschen Landeskirchen angenommen. Es hieß hier, daß die noch bestehenden Unterschiede nicht mehr von kirchentrennender Bedeutung seien.

Was wie eine reine Theologenangelegenheit aussah, hatte kirchenpolitische Konsequenzen. Die Leitung des Kirchenbundes strebte eine Neuregelung an, die aus dem Bund eine stärker einheitlich organisierte Kirche gemacht hätte. Sicher spielte dabei auch der Gedanke eine Rolle, daß mit größerer Zentralisierung die Möglichkeit wachse, dem Staat gegenüber eine einheitliche Linie zu vertreten. Die Kritiker äußerten demgegenüber die Sorge, daß der totalitäre Staat eine zentrale Kirchenleitung leichter in den Griff bekommen könne als eine dezentralisierte Gemeinschaft. Wie so oft in der Geschichte vermengten sich hier theologische Erkenntnisse mit taktischen Erwägungen.

Die Bemühungen um die Schaffung einer Vereinigten Evangelischen Kirche in der DDR führten zu einem Beschlußentwurf, dem alle Landessynoden mit Zweidrittelmehrheit zustimmen mußten. Entsprechende Beschlüsse waren von allen anderen Landeskirchen bereits gefaßt worden, als zuletzt die Berlin-Brandenburgische Synode im April 1984 in Potsdam ihre Entscheidung treffen sollte. Ich hatte mich noch einmal nur zu dem Zweck in die Synode wählen lassen, um gegen die «Vereinigte Kirche» aufzutreten, und habe mich bei der Tagung entsprechend engagiert. Gern denke ich an die Bundesgenossenschaft mit dem jetzigen Berliner Propst Dr. Furian. Es gelang, die erforderliche Sperrminorität zu erreichen. Damit war das Vorhaben einer Vereinigten Kirche für die DDR gescheitert.

Da damals nicht jeder meine Stellungnahme verstanden hat, benenne ich kurz die entscheidenden Gründe meiner Ablehnung: 1. Das lutherische Profil darf nicht in einer Einheitskirche verwischt werden. 2. Gegenüber zentralistischen Tendenzen ist das föderative Prinzip hochzuhalten. 3. Alles muß vermieden werden, was ein weiteres Auseinanderdriften der Kirchenorganisation im Osten und Westen Deutschlands fördern könnte. Einen vierten Grund habe ich damals nicht aussprechen können, weil es um eine nicht eindeutig zu beweisende Vermutung ging.

Manfred Stolpe war – obwohl inzwischen Konsistorialpräsident der Berlin-Brandenburgischen Kirche – immer noch eine auch im Kirchenbund bestimmende Persönlichkeit. Ich wußte, daß er neben seiner kirchlichen Tätigkeit zu politischen Aktivitäten neigte. Sie erstreckten sich unter anderem auf engere Kontakte zwischen SPD und SED. Die Versuchung lag nahe, eine Vereinigte Kirche mit ihrem größeren Gewicht als Instrument für diese Ziele einzuspannen. Heute kann nur festgestellt werden: Wie gut, daß die Vereinigte Kirche gescheitert ist. Es hätte eine kirchliche Wiedervereinigung erheblich erschwert, wenn die sogenannte Kompatibilität zwischen den Kirchen in beiden Teilen Deutschlands nicht erhalten geblieben wäre.

V Kirche im Sozialismus?

Niemals wäre der Bund der Evangelischen Kirchen in der DDR ohne Druck von außen zustande gekommen. Es gab keine überzeugenden innerkirchlichen Gründe, die eine Trennung von der EKD gerechtfertigt hätten. Solche Gründe hat man erst hinterher zu finden gesucht. Ich hörte in einem Gespräch den Satz: «So ist es immer in der Kirche, man beugt sich den traurigen Realitäten, und die theologische Rechtfertigung wird nachgeliefert.» Diese Feststellung ist hart, aber leider nicht unbegründet.

Nach der Gründung des Kirchenbundes wurde darüber diskutiert, wie das Eigentliche und Besondere dieser neuen Gemeinschaft etwa im Unterschied zur EKD umschrieben werden könnte. Es wurde von einer «Zeugnis- und Dienstgemeinschaft» oder einer «Kirche für andere» im Sinne Dietrich Bonhoeffers gesprochen. Das war nicht abwegig und sicher gut gemeint, erweckte aber die merkwürdige Vorstellung, als ob die EKD keine solche Gemeinschaft sei. Es kam der Satz auf, daß man «die Situation annehmen» müsse, in die man gestellt ist, daß man sich ganz in sie hineinbegeben solle. Von da war der Weg nicht mehr weit zur Formel «Kirche im Sozialismus», mit der die eigenartige Neugründung am Ende dann bezeichnet wurde.

Wie kam es zu diesem reichlich verschwommenen Begriff «Kirche im Sozialismus»? SED-Vertreter behaupteten, schon am 9. Februar 1961 habe Hans Seigewasser, Staatssekretär für Kirchenfragen, in einer Rede diese Formulierung gebraucht. Wie dem auch sei, durchgesetzt haben sich die damit verknüpften Gedanken auf der dritten Tagung der Bundessynode 1971 in Eisenach. Der Mecklenburger Bischof Radtke hielt dort ein Grundsatzreferat über den Kirchenbund als Zeugnis- und Dienstgemeinschaft in der DDR. In diesem Referat und in der nachfolgenden Debatte ging es um eine neue Standortbestimmung: Wir sind nicht einfach Kirche unter dem Sozialismus, auch nicht für ihn; das wäre eine politische Festlegung, die einer Kirche nicht angemessen ist. Wir sind auch nicht Kirche gegen den Sozialismus oder neben ihm, gewissermaßen im Winkel ein abgeschottetes Dasein fristend. Wir sind Kirche *im* Sozialismus, wir leben in einem sich sozialistisch nennenden Staat und wollen hier unsere Aufgabe erfüllen.

Diese Deutung, im Grunde nicht mehr als eine geographische Auslegung, war akzeptabel, stellte aber andererseits nichts als eine Selbstverständlichkeit fest und schien mithin banal. Der tiefere Sinn des Begriffes «Kirche im Sozialismus» blieb schwebend. Ich konnte nie den Verdacht loswerden, daß dies bewußt gewollt sei. Einerseits konnte die Formel als Loyalitätserklärung gegenüber dem sozialistischen Staat gedeutet werden, andererseits ließ sich damit auch vorsichtig eine Distanz andeuten. Dieser sich diplomatisch gebende Stil wurde kennzeichnend für das weitere Auftreten des Kirchenbundes. Ob es einer Kirche der Reformation nicht gut angestanden hätte, eine klare und eindeutige Sprache zu gebrauchen? Interessant ist, daß eine fast identische Formel schon in den dreißiger Jahren bei der thüringischen Richtung der «Deutschen Christen», die als besonders hitlertreu galt, aufgekommen war, die Formel «Kirche im Nationalsozialismus». Dieses Beispiel zeigt, wie ambivalent eine solche Wendung sein kann.

Und wer hat sich nicht schon alles auf den Sozialismus

berufen! Alle möglichen Positionen können damit umschrieben werden. In einem Beitrag auf der Eisenacher Synode wies ich jedoch darauf hin, daß wir es in der DDR nicht mit irgendeinem unseren Wünschen entsprechenden, freischwebenden Sozialismus zu tun haben, sondern mit dem real existierenden marxistisch-leninistischer Prägung, in dem die herrschende Partei einen absoluten Führungsanspruch erhebt. Der Stellvertreter Seigewassers, Herr Weise, der als Beobachter offiziell anwesend war – er galt im Staatssekretariat für Kirchenfragen als besonders harter SED-Mann –, klopfte mir in der Pause auf die Schulter und sagte: «Sie haben ausnahmsweise mal was Richtiges gesagt. Es geht nicht um einen utopischen Sozialismus, von dem viele Kirchenleute träumen, sondern um den einen wahren Sozialismus, den wir vertreten.»

Im Garten des «Hauses Hainstein» sagte mir der Berliner Propst Ringhandt damals: «Wissen Sie, Bruder Steinlein, ich habe den Eindruck, als habe unsere Kirche aus den im ‹Dritten Reich› gesammelten Erfahrungen nichts gelernt.»

Ein Jahr später, auf der Synodaltagung 1972 in Dresden, hielt der Erfurter Propst Heinz Falcke ein Referat, das viel Staub aufwirbelte. Mit allen Mitteln versuchte die staatliche Seite, eine Verbreitung dieses Referates zu verhindern. Dabei enthielt es eine klare Bejahung des Sozialismus, aber eben aus jener Perspektive, die Weise mir gegenüber als realitätsfern bezeichnet hatte. Besonders beanstandet wurde Falckes Wort vom «verbesserlichen Sozialismus». Darin lag natürlich eine Kritik an den bestehenden Verhältnissen, die aber immerhin als verbesserungsfähig angesehen wurden. Heinz Falcke ist für mich ein besonders eindrucksvoller Vertreter jener bis heute starken Richtung, die zwar immer regimekritisch war, aber von sozialistischen Träumen nicht loskommt.

Die Diskussion um die richtige Deutung der Formel «Kirche im Sozialismus» hat nie aufgehört. Heute gesteht selbst Albrecht Schönherr ein, daß ihm der Begriff nicht recht zugesagt habe. Zwei Jahre später, 1974, gab es auf der Berlin-Brandenburgischen Synode wiederum eine lange Aussprache über dieses Thema. Im Ergebnis stimmten die meisten darin überein, daß die umstrittene Formel nicht eindeutig sei und darum präzisiert werden müsse. Der entsprechende Beschluß lautete: «Die Synode erkennt als Aufgabe, den Begriff ‹Kirche im Sozialismus› – den sie aufnimmt und bejaht – so eindeutig zu klären, daß damit allen Christen zu einem dem Herrn Jesus Christus gehorsamen Leben geholfen ist.» Ich habe damals den Antrag gestellt, die Parenthese «den sie aufnimmt und bejaht» zu streichen. Die Abstimmung darüber ging äußerst knapp aus. Bei Stimmengleichheit (39 : 39 Stimmen) wurde mein Antrag abgelehnt. Erneut war sichtbar geworden, daß ein großer Teil der Synode entschlossen war, dem in der Kirche sich abzeichnenden Trend zu widerstehen.

Alle Nachgiebigkeit gegenüber staatlichen Forderungen hat der Kirche wenig genützt, die Behinderungen des kirchlichen Lebens gingen unvermindert weiter. Ein «Dauerbrenner» war die Veranstaltungsverordnung, bei der es, je nach Laune der hohen Herren, mal Erleichterungen, mal Verschärfungen gab. Welche Veranstaltungen waren anmeldepflichtig, welche sogar genehmigungspflichtig? Wie ist es mit einem Gemeindenachmittag im Pfarrgarten, im Freien also, aber auf kirchlichem Gelände? Rein religiöse Veranstaltungen waren nicht anmeldepflichtig. Wie verhielt es sich aber mit Kirchenkonzerten oder Vorträgen? Wer viel fragte, bekam viele Antworten. Die Bestimmungen waren oft so eng gefaßt, daß ängstliche Gemüter in einem permanenten Schuldgefühl lebten und dankbar die Gnade des

Staates empfanden, wenn er großzügig manches übersah. Ziel der wechselnden Auslegungen der Veranstaltungsverordnung war es, die Kirche möglichst weitgehend auf den traditionell kirchlichen Bereich einzuengen und alle missionarisch nach außen wirkenden und gesellschaftlich orientierten Veranstaltungen unter Kontrolle zu halten.

Ich denke an die vielen Auseinandersetzungen, die es allein wegen der Rüstzeiten der «Jungen Gemeinde» gegeben hat. Sind das kirchliche Veranstaltungen, wenn da auch mal Fußball gespielt wird? Nachgiebigkeit führte nicht weiter. Ohne Risikobereitschaft war nichts zu machen. Das waren die Kleinkriege, die manche kirchliche Mitarbeiter jahrelang durchzustehen hatten.

Ein weiteres Feld, auf dem es dauernd Schwierigkeiten gab, war die publizistische Arbeit der Kirche. Seit Jahrzehnten arbeite ich mit an der Erstellung des Kalenders «Sonne und Schild». Wir wurden von der Evangelischen Verlagsanstalt (EVA) darum gebeten, beim Schreiben der Andachten bestimmte Themen zu meiden: keine Berichte über die Weltmission, keine weltanschauliche Auseinandersetzung, keine Behandlung brisanter Fragen, die Kritik an herrschenden Zuständen beinhalten konnten, aber auch möglichst kein Eingehen auf so wichtige biblische Themen wie das Ende der Reiche dieser Welt und das Kommen des Reiches Gottes. In alledem hätten die staatlichen Stellen wohl versteckte Angriffe auf die DDR und ihre Weltanschauung vermuten können. Dieses Beispiel zeigt, wie selbst ein kirchlicher Verlag aus Sorge vor möglichen staatlichen Eingriffen indirekt dazu beitrug, den Verkündigungsdienst der Kirche zu beeinträchtigen.

Etwas anders stand es um die Kirchenzeitungen. Hier gab es keine Vorzensur, wohl aber eine Art Nachzensur. Wenn nämlich in der gerade gedruckten Ausgabe etwas stand, was der staatlichen Seite nicht paßte, konnte es passieren, daß die gesamte Auflage nicht zur Auslieferung kam. Das veranlaßte manche Kirchenredaktion, sich selber unter Zensur zu stellen und dabei übervorsichtig zu sein. Natürlich hat es immer auch mutige Presseleute gegeben, die etwas riskierten, besonders in der letzten Zeit vor der Wende.

An dieser Stelle komme ich nicht umhin, auf jenes Thema einzugehen, das in den Jahren nach der Wende zunehmend in den Vordergrund des allgemeinen Interesses gerückt ist. Gemeint sind die intensiven Bemühungen des Staatssicherheitsdienstes, alle kirchlichen Bereiche mit Spitzeln zu durchsetzen. Sicher ist es völlig abwegig anzunehmen, was neuerdings mehrfach behauptet wurde, jeder vierte Mitarbeiter der Kirche sei Informant der Stasi gewesen. Tatsache ist, daß die Kirchen bevorzugtes Objekt der Beobachtung und auch der Zersetzung gewesen sind. Versucht man, dem etwas Positives abzugewinnen, ließe sich immerhin feststellen, daß der kirchliche Bereich von der Stasi offenbar als potentieller Gefahrenherd angesehen wurde.

In unserer Kirche galt für alle Pfarrer und kirchlichen Mitarbeiter eine eiserne Regel: Keinerlei Kontakte mit der Stasi! Jeden Versuch einer Kontaktaufnahme sofort der vorgesetzten kirchlichen Dienststelle melden und den Besucher von der Stasi auf diese Anordnung hinweisen! Erfahrungsgemäß wurden bei einer solchen Reaktion die Annäherungsversuche der Stasi abgebrochen.

Bei mir haben die Herren von der Stasi ein einziges Mal einen solchen Versuch unternommen. Es war wenige Tage vor dem 13. August 1961, der Flüchtlingsstrom stellte die DDR vor ernsthafte Probleme. Da suchte mich in Finsterwalde ein kultiviert wirkender Mann auf, der nach hartnäkkiger Befragung zugab, von welcher Dienststelle er kam. Er betonte, es läge ihm nur daran, von mir zu hören, wie nach meiner Meinung die Flüchtlingswelle gestoppt werden könne. Ich sagte ihm, daß ich jedes Gespräch mit einem Vertreter der Stasi ablehnen müsse und unverzüglich meiner Kirchenbehörde Kenntnis von diesem Annäherungsversuch geben werde. Seine Frage wolle ich aber mit dem einen kurzen Satz beantworten: Schaffen Sie liberalere Verhältnisse, dann wird niemand auf die Idee kommen, überstürzt seine Heimat zu verlassen. Mein Besucher gab sich gekränkt und sagte, daß er mein Verhalten als einen Hinauswurf betrachte. Ich konnte ihm nicht widersprechen.

Mein Besucher hatte mich übrigens gefragt, ob ich nicht wisse, daß die Stasi nur eine Art Meinungsforschungsinstitut sei, das die Hand am Puls des Volkes haben wolle. Ich sei der Meinung, antwortete ich ihm unumwunden, daß es sich um eine politische Geheimpolizei handele. Ein Pfarrer könne mit solchen Organisationen keinerlei Verbindung pflegen, weil sonst seine Vertrauenswürdigkeit als Seelsorger gefährdet sei.

Wenn einer bereit war, den kleinen Finger zu geben, wurde ihm bald schon die Hand geführt. Wer sich erst einmal auf dieses konspirative Verhalten eingelassen hatte, konnte sich nur schwer herauswinden. Aus welchen Motiven haben sich Pfarrer und andere kirchliche Mitarbeiter zur Kooperation mit der Stasi gewinnen lassen? Manchmal war Erpressung im Spiel, weil einer sich im persönlichen Verhalten eine Blöße gegeben hatte. Zuweilen diente der Wunsch, eine Auslandsreise machen zu können, als Anknüpfungspunkt. Da und dort standen auch finanzielle Nöte im Hintergrund, die Bereitschaft zu bezahlten Diensten erweckten. In vielen Fällen fanden sich aber auch Überzeugungstäter, die meinten, einer guten Sache zu dienen. Und dann noch eine andere Gruppe: Manche Kirchenleute gaben sich – oft in einer gewissen Naivität – der Hoffnung hin, durch Kontakte mit der mächtigen Stasi auf die Politik der SED Einfluß gewinnen zu können oder in humanitärer Hinsicht etwas zu erreichen.

Letzteres war noch am ehesten verständlich. So habe ich es in meiner Konsistoriumszeit mehrfach erlebt, daß der damalige Propst und spätere Bischof Scharf sagte: Heute muß ich in die Normannenstraße (Sitz der Stasi) fahren, um einen Verhafteten herauszuholen. In ähnlichem Sinne hatte er bereits in der Hitlerzeit gelegentlich mit der Gestapo verhandelt. Immer aber ging es um einen konkreten Notfall, und stets wurde den zuständigen Kollegen berichtet – also keinerlei Konspiration.

In diesem Zusammenhang drängt sich die «Angelegenheit Stolpe» auf. Dazu will ich nicht viele Worte machen, zumal da noch manches ungeklärt ist. Außerdem widerstrebt es mir, Negatives über einen Mann zu schreiben, mit dem viele von uns jahrelang gut zusammengearbeitet haben. Frühzeitig wurde sein großes Verhandlungsgeschick erkannt, vielen Menschen hat er dadurch helfen können. Aber oft sind die Stärken eines Mannes auch die Punkte seiner Gefährdung. Seine Wendigkeit hat Manfred Stolpe zuweilen vielleicht dazu verleitet, allzu wendig zu sein. Es ging nicht immer nur um humanitäre Fälle, nicht immer ausschließlich um kirchliche Angelegenheiten. Stolpes politische Fähigkeiten und Leidenschaften haben ihn anscheinend in Versuchung geführt, jede Gelegenheit, in der Politik mitmischen zu können, beim Schopf zu packen. Zwar habe ich nie daran gezweifelt, daß er die Interessen seiner Kirche stets im Auge hatte. Als beschwerlich empfinde ich es aber, daß er seinem Bischof Forck, mit dem er doch in engster Zusammenarbeit stand, nie etwas über seine Stasikontakte gesagt hat. Es bleibt der Schock, den Stolpes Aussagen über langjährige

Stasikontakte bei uns ausgelöst haben, nachdem wir alle doch so stark auf Ablehnung derartiger Verbindungen verpflichtet gewesen waren.

Ganz abzulehnen aber ist die These: Wer damals etwas erreichen wollte, mußte mit der Stasi verhandeln, nur auf diesem Wege sei etwas zu «bewegen» gewesen. Was ist denn durch solche Kontakte «bewegt» worden? Ich kenne genug Leute, die, auch ohne solche dubiosen Wege zu beschreiten, Erleichterungen erwirkten. Schließlich hat es auch außerhalb der Stasi einflußreiche Leute gegeben. Übrigens ist der Satz, daß der Zweck die Mittel heilige, in der evangelischen Ethik immer als äußerst fragwürdig angesehen worden. Zu diesem Punkt hat der mecklenburgische Bischof Stier in einem «Spiegel»-Gespräch im August 1992 eindeutig Stellung genommen.

Amtliche Gespräche zwischen Staats- und Kirchenvertretern hat es auf verschiedenen Ebenen all die Jahre über gegeben. Aber wir sagten immer: Keine Gespräche unter Beteiligung der CDU oder von Leuten der «Christlichen Kreise». Die Fronten mußten klar sein. Unser Gegenüber sollten die offiziellen Repräsentanten des Staates sein, Vertreter des Staatssekretariats für Kirchenfragen, Mitglieder der Räte von Bezirken und Kreisen oder Bürgermeister. Natürlich mußten wir davon ausgehen, daß der Inhalt unserer Gespräche der Stasi bekannt wurde. Dennoch hielten wir an der genannten Unterscheidung fest, weil deutlich werden sollte: Unser Gegenüber sind ausschließlich Leute, die durch ihr Amt eine offizielle Verantwortung für das Gemeinwesen tragen – wie auch wir ausschließlich als Amtspersonen mit offiziellem Auftrag Gespräche führten. Das Interesse der staatlichen Seite an den Gesprächen mit uns lag darin, uns im Sinne der SED-Politik zu beeinflussen. Zugleich bot sich hier die Gelegenheit, die Position der einzelnen Kirchenvertreter erkennen zu können. So wurden wir eingeteilt in Kooperationsbereite, Beeinflußbare, Ängstliche, Lernfähige und «völlig Unbelehrbare».

Auch wir hatten ein Interesse an Gesprächen. Erstens mußte oft über ganz konkrete Dinge verhandelt werden, wie zum Beispiel Baufragen, Pachtangelegenheiten, Erteilung von Genehmigungen und so weiter. Zweitens aber bot sich die Gelegenheit, klar und deutlich unsere Meinung zu brennenden Fragen darzulegen. Die Gespräche waren in der Form oft freundlich, in der Sache hart. Hier wurde ein Stück «Öffentlichkeitsverantwortung» wahrgenommen. Für den Superintendenten war der Rat des Kreises das Gegenüber, meistens vertreten durch den ersten Stellvertreter des Vorsitzenden, der so etwas wie der Innenminister des Kreises war.

Gern ließ ich mich zu solchen Treffen vom Superintendenten eines Nachbarkreises begleiten. Natürlich ging es oft auch um Grundsatzfragen. Ungemütlich wurde es meistens, wenn der absolute Führungsanspruch der SED in Frage gestellt wurde. Als ich einmal sagte, daß bei freien Wahlen die SED niemals mit einer Mehrheit rechnen könnte, antwortete man mir mit aller Schärfe: «Sie rühren hiermit an die Machtfrage. An diesem Punkt hören bei uns die Diskussionen auf.»

Gelegentlich gab es auch Aussprachen des ganzen Pfarrkonventes mit dem Rat des Kreises. Bei den Vorbereitungen haben wir grundsätzlich folgende Bedingungen gestellt: 1. Kein Pfarrer darf von der Begegnung ausgeschlossen sein, weil er vielleicht eine besonders schlechte Nummer hat – also alle oder keiner. 2. Unser Gegenüber dürfen nur Vertreter des Staatsapparates sein. 3. Wir wollen nicht nur eine Rede anhören. Es muß ausgiebig Gelegenheit zur Diskussion gegeben sein, und wir müssen unsere Anliegen vorbringen können. 4. Eine Presseberichterstattung darf nicht erfolgen. Damit wollten wir verhindern, daß der Öffentlichkeit der falsche Eindruck vermittelt wurde, als sei zwischen Staat und Kirche alles in Ordnung. Die staatliche Seite setzte zu diesem Zweck gern ein aktuelles Thema auf die Tagesordnung, um am Ende mit Hilfe eines Kommuniqués so zu tun, als hätte die Kirchenleitung im wesentlichen den Ausführungen zugestimmt. Hier war immer Wachsamkeit geboten, sich durch die freundliche Atmosphäre eines solchen Treffens nicht einwickeln zu lassen.

Mehrfach nahm ich an Begegnungen teil, zu denen die gesamte Kirchenleitung von Berlin-Brandenburg, Staatssekretär Seigewasser und führende Vertreter aus Ost-Berlin und den drei brandenburgischen Bezirken Potsdam, Frankfurt/Oder und Cottbus erschienen. Es ist bei den Akten des Kirchenreferates beim einstigen Ostberliner Magistrat eine Notiz gefunden worden, nach der ich von einem solchen Treffen ausgeschlossen werden sollte. Für den Fall, daß ich dennoch erschien, sollte ein Redebeitrag von mir verhindert werden. Wenn auch das nicht klappe, dürfe kein Staatsvertreter auf meinen Beitrag eingehen. In keinem der drei Punkte konnte das Vorhaben durchgesetzt werden.

Es ist auf diesen Seiten wiederholt vom Staatssekretariat für Kirchenfragen die Rede gewesen. Dazu noch einige Sätze. Diese Dienststelle war 1957 eingerichtet worden. Der erste Staatssekretär Eggerath war nur kurze Zeit im Amt gewesen. Fast zwanzig Jahre hindurch nahm Hans Seigewasser diese Funktion wahr. Er war ein Altkommunist, der bei aller Härte immerhin den Eindruck erweckte, eine ehrliche Überzeugung zu haben. Sein Nachfolger war Klaus Gysi, der Typ eines Linksintellektuellen, mit dem angenehmer zu verhandeln war als mit Seigewasser. Gelegentlich konnte er zynisch wirken. Der letzte Amtsinhaber hieß Löffler. Heute wissen wir, daß mehrere Referenten des Staatssekretariats Mitarbeiter der Stasi waren. Da es in allen Bezirken und Kreisen hauptamtliche Kirchenreferenten gab, war das Staatssekretariat lediglich eine koordinierende Dienststelle, über die alles laufen mußte, was mit den Beziehungen von Staat und Kirche zu tun hatte. Das Sekretariat war – dies versteht sich von selbst – weniger Vermittler kirchlicher Wünsche als vielmehr Instrument zur Beobachtung und Beeinflussung der Kirchen.

Wer meine Ausführungen liest und die damalige Situation nicht miterlebt hat, wird vielleicht fragen: Warum habt ihr immer so auf Distanz geachtet? Hätte man sich nicht vertrauensvoller begegnen sollen? Ich habe in kircheninternen Debatten immer die Meinung vertreten, daß die Saugkraft eines totalitären Systems nicht unterschätzt werden dürfe. Sich umarmen lassen heißt hier vereinnahmt werden. Unter allen Umständen mußten wir unsere Eigenständigkeit wahren.

Diese Grundeinstellung bedeutete nicht, daß man im Gesprächspartner immer den Gegner gesehen hätte. Es gab auch auf der anderen Seite anständige und sympathische Menschen. Gelegentlich bin ich gefragt worden, ob man als Christ und speziell als Pfarrer auch solchen Leuten gegenüber eine missionarische oder eine seelsorgerliche Aufgabe habe. Da war kaum etwas zu machen, weil Gespräche, die mehr persönliche Dinge oder gar Glaubensfragen betrafen, von der anderen Seite vermieden wurden. Überhaupt wollte man die weltanschauliche Seite ausklammern. Einmal sagte mir mein Ratsvorsitzender: «Wir wollen über diese Dinge nicht diskutieren. Sie sind Christ, ich bin Marxist. Ich will Sie nicht bekehren, und umgekehrt gilt hoffentlich das gleiche.» Darauf konnte ich die Antwort nicht unterdrücken: «Wenn wir ehrlich sind, müssen wir zugeben, daß wir zum Bemühen verpflichtet sind, den anderen zu überzeugen – ich von meinem Glauben her und Sie von Ihrer Weltanschauung her. Ich gebe die Hoffnung für Sie nicht auf, daß Sie einen Weg zum christlichen Glauben finden.»

Das war eine der ganz seltenen Gelegenheiten, so direkt zu werden. Ansonsten war es mein Bestreben, meinem Gegenüber wenigstens den Eindruck zu vermitteln, daß ich meinen Glauben ernst nehme. Ich hatte oft das Gefühl, daß allzu nachgiebige Kirchenleute auch auf staatlicher Seite kein besonderes Ansehen genossen. Sie galten häufig als undurchsichtig. Nach einem sehr harten Gespräch in Finsterwalde sagte mir der eben schon erwähnte Ratsvorsitzende zum Abschied nur den einen Satz: «Ich achte Sie.» Das war einer meiner glücklichsten Augenblicke.

VI Das «Gipfeltreffen»

Die siebziger Jahre brachten in das Ost-West-Verhältnis Bewegung. Erinnert sei an die Ostpolitik der Regierung Brandt/Scheel und an die Konferenz von Helsinki im Jahre 1975 (KSZE). Auf das Verhältnis Staat–Kirche in der DDR hatte weder das eine noch das andere unmittelbare Auswirkungen. Viele in unserer Kirche hatten gehofft, daß die wachsende internationale Anerkennung der DDR zu einer Entkrampfung bei den Verantwortlichen führen würde. Das Gegenteil war der Fall. Die SED sorgte sich, daß es bei einer Entspannung zwischen Bundesrepublik und DDR und durch die Betonung der Menschenrechte im Sinne von Helsinki zu einer innenpolitischen Aufweichung kommen könnte. Dieser Gefahr wollte man durch Härte begegnen. Aber auch in der Bundesrepublik vollzog sich da und dort eine Entwicklung, die von der kirchlichen Opposition in der DDR als bedenklich angesehen wurde.

Es war in den Jahren der Entspannungspolitik zunehmend zu bemerken, daß in vielen westlichen Zeitungen eine allzu kritische Berichterstattung über die Verhältnisse in der DDR nicht mehr erwünscht war. Offensichtlich bestand bei den Vertretern einiger Parteien die Sorge, daß der erhoffte Entspannungsprozeß dadurch gefährdet werden könnte. Bischof Fränkel sagte damals nach einer Reise in die Bundesrepublik: «Es ist kaum noch möglich, daß wir mit unserer kritischen Einstellung in die Zeitungen kommen. In der Bundesrepublik hört man nur Stellungnahmen, die der Linie der Leitung des Kirchenbundes entsprechen.»

Sicher war es ärgerlich, wenn Boulevardblätter in oft sensationeller Aufmachung völlig undifferenziert über unsere Probleme berichteten. Andererseits war es gut, wenn seriöse Zeitungen in sachlicher Weise die Aufmerksamkeit auf die Nöte in der DDR lenkten. Wir waren gern bereit, Informationen zu vermitteln. Schon in den dreißiger Jahren ist in den Kreisen der Bekennenden Kirche darüber diskutiert worden, ob es der kämpfenden Kirche nützlich oder schädlich sei, die Auslandspresse zu mobilisieren. Damals wurde der Satz geprägt: «Publizität ist eine wichtige Waffe der unterdrückten Kirche.»

Es soll im folgenden an Hand von zwei Beispielen gezeigt werden, wie die Spannungen zwischen Staat und Kirche sich unverändert durch die siebziger Jahre fortsetzten.

Im April 1973 hatte Bischof Fränkel vor seiner Görlitzer Synode eine Rede gehalten, die von der SED als unerhörte Provokation empfunden wurde. Dabei hatte er nur gesagt, was auszusprechen die Pflicht eines jeden Kirchenmannes gewesen wäre: Er forderte eine Begrenzung und Relativierung des Führungsanspruchs der Partei und erwähnte die unerledigte nationale Frage. Mit der Aufnahme in die UNO müsse sich der Staat kritisch nach der Einhaltung der Menschenrechte und dem freien Austausch von Meinungen und Informationen befragen lassen; die Kirche dürfe nicht angepaßt und systemgebunden unkritische Akklamationen für die Politik des Staates abgeben. Die Landessynode hat diesen Vortrag mit nur einer Gegenstimme gebilligt.

Ähnliche Vorträge hatte Fränkel bereits vor der Lutherischen Arbeitsgemeinschaft in Berlin und vor der Bekennenden Kirche Sachsens, in der Dresdner Annenkirche, gehalten. Vom Staat wurde ein Sturm der Entrüstung inszeniert und der Erwartung Ausdruck gegeben, daß der Kirchenbund sich von den Äußerungen des Bischofs distanziere. Leider hat keiner seiner Kollegen im Bischofsamt sich klar hinter Fränkel gestellt. Vor der Bundessynode 1973 in Schwerin ließ Bischof Schönherr unverblümt erkennen, daß er in Fränkels Rede eine Störung des sich anbahnenden guten Verhältnisses zwischen Staat und Kirche sehe.

Noch aufregender war ein anderes Ereignis. Am 18. August 1976 verbrannte sich der Pfarrer Oskar Brüsewitz auf dem Marktplatz in Zeitz. Er hatte damit gegen die Unterdrückung der Glaubensfreiheit protestieren wollen, besonders gegen die atheistische Indoktrinierung der Kinder. Sicher kann man in der Beurteilung einer so ungewöhnlichen Tat verschiedener Meinung sein, auf alle Fälle war es ein aufrüttelndes Signal. In schriller Weise wurde darauf aufmerksam gemacht, wo nach wie vor die Nöte vieler Christen in der DDR lagen. Sofort nahmen staatliche Stellen mit der Magdeburger Kirchenleitung Verbindung auf. Das gemeinsame Ziel hieß «Schadensbegrenzung»; wie im Sommer 1992 bekannt wurde, war es auch in diesem Fall wieder Manfred Stolpe, damals Leiter des Kirchenbundsekretariats, auf dessen Geschick sich die staatlichen Stellen verließen. Die Kirchenleitung erklärte in einem Brief an die Gemeinden, sie könne diese Tat nicht billigen und müsse jeden Versuch zurückweisen, sie zur Propaganda gegen die DDR zu mißbrauchen. Hauptthema schienen nicht die Hintergründe der Tat zu sein, sondern die Sorge, daß die Westpresse eine solche Gelegenheit benutzen könnte, erneut über die DDR «herzufallen».

Mitte der siebziger Jahre wurde der Wunsch einiger führender Leute des Kirchenbundes nach einem Gespräch mit Erich Honecker immer stärker. Zur Vorbereitung eines solchen Treffens wurden streng geheimgehaltene Gespräche geführt (Hauptbeteiligte: Bischof Schönherr, Manfred Stolpe und Frau Oberkirchenrätin Lewek). Es war die gleiche Vorgehensweise, die bereits bei der Vorbereitung der Trennung von der EKD zu beobachten gewesen war. Angeblich war es die Sorge um die Einmischung westlicher Stellen, die zur Geheimhaltung nötigte. Nun ist Diplomatie keineswegs etwas Verdammenswertes, und auch Geheimdiplomatie ist in der Politik nichts Ungewöhnliches. Es ist aber kritisch zu fragen, ob ein solcher Stil, an die Dinge heranzugehen, zum Wesen einer evangelischen Kirche paßt.

Bereits Mitte 1977 stand fest, daß ein Gipfelgespräch stattfinden sollte; es mußten nur noch die Modalitäten festgelegt werden. Dann wurde der 6. März 1978 als Termin beschlossen. Als Mitglieder der Berlin-Brandenburgischen Kirchenleitung hatten wir von alledem keine Ahnung. Erst unmittelbar vor dem Termin, am 3. März, sagte uns Bischof Schönherr beiläufig ganz am Ende einer Sitzung, daß am 6. eine Begegnung mit dem Staatsratsvorsitzenden stattfinden werde. Ich hatte nur noch die Möglichkeit, ihm die Bitte mitzugeben, dort auch die wirklich gravierenden Dinge deutlich zur Sprache zu bringen.

Teilnehmer des Spitzengespräches waren auf staatlicher Seite: Erich Honecker, Paul Verner, Rudi Bellmann, Heinz Eichler, Hermann Kalb (für den erkrankten Seigewasser). Auf kirchlicher Seite: Albrecht Schönherr als Vorsitzender des Kirchenbundes, seine beiden Stellvertreter Bischof Werner Krusche und Kurt Domsch, der Präses der Bundessynode Siegfried Wahrmann, für das Präsidium der Synode Frau Christina Schultheiss und Manfred Stolpe. Zu Beginn hielt Honecker eine Rede, die den feierlichen Charakter einer Erklärung hatte. Den Kirchen wurde ein «eigenständiges Wirken als bedeutsamer Faktor des gesellschaftlichen Lebens heute und künftig» zugesprochen. Erleichterungen wurden in Aussicht gestellt. Schönherr antwortete mit einer gut vorbereiteten Rede. Er sprach mehr allgemein von der

Notwendigkeit des Friedensdienstes, wies aber auch vorsichtig auf fortbestehende Defizite im Verhältnis Staat – Kirche hin. Wichtig war der Satz: «Das Verhältnis von Staat und Kirche ist so gut, wie es der einzelne christliche Bürger vor Ort erfährt.»

Im anschließenden Gespräch ging es um konkrete Erleichterungen auch auf finanziellem und wirtschaftlichem Gebiet und nicht zuletzt um die Möglichkeit, kirchliche Neubauten (mit westlicher Hilfe) zu errichten. Viele kirchliche Wünsche wurden nicht erfüllt oder kamen bei der Begegnung überhaupt nicht zur Sprache. Für verhältnismäßig geringe Zugeständnisse erreichte Honecker, daß vor der in- und ausländischen Öffentlichkeit der Eindruck entstand, als sei die DDR ein toleranter Staat, der auch den Christen Achtung der Menschenrechte zukommen ließ. Geschickt hatte es die staatliche Seite so eingerichtet, daß die Teilnehmer in einem Augenblick fotografiert wurden, wo sie fröhlich lächelnd ein Bild völliger Harmonie boten. Diese Großaufnahme erschien am nächsten Morgen auf der ersten Seite aller Zeitungen. Damit war für Honecker ein Hauptzweck des Unternehmens erfüllt: Alle Welt sollte erkennen, daß Kritiker nur noch als Außenseiter zu betrachten waren.

Es stimmt zwar, daß der Hinweis auf diese Begegnung manchem bedrängten Christen eine Hilfe sein konnte, aber dafür wurde ein hoher Preis gezahlt. Es mehrten sich die Zweifel, ob die Kirche – wie bisher – Hort und Stütze für diejenigen sein konnte, die sich dem herrschenden System nicht einfach anpassen oder gar unterwerfen wollten.

In der Sitzung unserer Kirchenleitung am 10. März 1978 hat Albrecht Schönherr über das große Treffen berichtet. Bis dahin hatte ich gehofft, daß bei dieser Begegnung die eigentlichen Beschwerden der Kirche doch etwas deutlicher vorgetragen worden seien, als es in den Zeitungen stand. Ich wurde auf der ganzen Linie enttäuscht. Mir wurde klar, daß hier eine Bahn beschritten worden war, die zu einer bündnisähnlichen Beziehung zwischen Staat und Kirche führen mußte. Spontan stand ich nach Schönherrs Bericht auf und erklärte meinen sofortigen Austritt aus Kirchenleitung und Synode.

Durch Entsendung von Propst Dr. Winter wurde versucht, mich von diesem Entschluß abzubringen. Ich mußte dabei bleiben: Jeder handelt eben nach dem Stand seiner Erkenntnis und seinem Gewissen folgend. In einer nachgereichten schriftlichen Begründung meines Austritts schrieb ich an die Kirchenleitung unter anderem: «Es bestätigte sich für mich, daß die Begegnung vom 6.3.78 für den Weg unserer Kirche einen schwerwiegenden Einschnitt markiert. Bei aller Freude über erreichte Erleichterungen muß festgestellt werden, daß die Vereinnahmung unserer Kirche in das herrschende politische System Fortschritte gemacht hat. Nicht ohne Grund konnte der Vorsitzende des Staatsrates lobend hervorheben, daß wichtige ökumenische Aktivitäten des Kirchenbundes im Einklang mit der Außenpolitik der DDR stehen. Die gewährten Erleichterungen geraten so in das Zwielicht einer Honorierung politischen Wohlverhaltens. In diesem Zusammenhang habe ich das zugespitzte Wort ‹Neokonstantinismus› gebraucht. Der tiefere Sinn des schillernden Wortes ‹Kirche im Sozialismus› wird immer deutlicher. Diese Entwicklung habe ich seit der erzwungenen Trennung von der EKD kommen sehen, ohne sie wirksam verhindern zu können. Jetzt ist der Punkt erreicht, wo ich an der Gesamtverantwortung innerhalb der Kirchenleitung einer Gliedkirche des Bundes nicht mehr teilnehmen kann. Damit will ich mich aus meiner nach wie vor bestehenden Mitverantwortung für den Weg unserer Kirche nicht hinwegstehlen. Dieser Auftrag muß nun in anderer

Weise wahrgenommen werden, notfalls in klarer Opposition.»

Bald danach wurde ich von einem bundesdeutschen Journalisten gefragt, ob ich bereit sei, ihm für die «Rheinische Post» ein Interview zu geben. Ich sagte zu, obwohl ich ahnte, daß sich daraus für mich Ärger ergeben werde. In diesem Interview, das von anderen rheinischen Zeitungen übernommen wurde, hob ich hervor, daß die Kirche immer stärker in den Sog des Staates gerate, der als Gegenleistung für praktische Erleichterungen der kirchlichen Arbeit geistige Zugeständnisse an seine Ordnung verlange. Dies habe dazu geführt, daß breite kirchliche Kreise inzwischen zu einer Bejahung des Sozialismus übergehen zu müssen glaubten. Besonders auf außenpolitischem Gebiet zeichne sich ein fatales Zusammenwirken ab, wenn zum Beispiel über die ökumenischen Kanäle kommunistische Bewegungen in der Dritten Welt massive Unterstützung erhielten oder der Kirchenbund offiziell an den Jubiläumsfeiern zur sowjetischen Oktoberrevolution teilnehme. Immer seltener dagegen seien öffentliche Stellungnahmen der Kirche zu den eigentlich brennenden Fragen, etwa zu der doktrinären Erziehung unserer Kinder auf einen atheistischen Marxismus-Leninismus hin, obwohl es eine der besonderen Aufgaben für uns sein müßte, einer geistigen Verkrüppelung junger Menschen zu wehren.

Die Reaktion auf dieses Interview war heftig. Offenbar wurde sogar in der SED-Führung über Maßnahmen gegen mich beraten. Am Ende schien es wohl nicht ratsam, «Märtyrer zu schaffen». So blieb es bei kleinen Schikanen. Meine Tochter, die seit ihrer Heirat in West-Berlin lebt, konnte uns ein Jahr nicht besuchen, obwohl zu dieser Zeit Westberliner weitgehend ungehindert einreisen konnten. Ärger hatte das Interview auch bei Bischof Schönherr ausgelöst. Ich wurde um eine Stellungnahme gebeten, und es kam zu einer Aussprache. Ich sagte Schönherr, daß er seit Jahren im Westen herumreisen könne und dadurch reichlich Gelegenheit habe, seine Schau der Dinge zu verbreiten. Nun habe sich für mich die seltene Gelegenheit geboten, auch meinen Standpunkt einmal öffentlich zu vertreten, und davon hätte ich selbstverständlich Gebrauch gemacht. Wir schieden voneinander im Frieden.

Bei dieser Gelegenheit möchte ich betonen, daß ich Albrecht Schönherr wegen mancher guten Eigenschaften schätze, besonders gefällt mir an ihm, daß er dem Gespräch mit Andersdenkenden nicht auszuweichen pflegt. Ich finde es auch nicht richtig, wenn ihm vorschnell Opportunismus oder gar Ängstlichkeit unterstellt wird. Er ist bekanntlich stark von der Theologie und der Person Dietrich Bonhoeffers geprägt, und in seinem Handeln ist durchaus eine Linie zu erkennen. Bonhoeffer wollte im Sinne einer radikalen Christusnachfolge nicht eine Kirche, die um ihre Privilegien kämpft, sondern eine, die ganz für andere da ist. Diese Überzeugung hat ihn in den Widerstand gegen Hitler geführt. Albrecht Schönherr hat andere Konsequenzen gezogen: Um der Erhaltung kirchlicher Privilegien willen hat er sich dem Staat gegenüber oft allzu taktisch verhalten. Denn auch in der DDR hatte die Kirche manches Privileg. So konnten zum Beispiel kirchliche Amtsträger, wenn sie dem Staat nicht gerade unangenehm auffielen, Dienstreisen in das Ausland in viel höherem Maß wahrnehmen als andere. Auch dies war eine Möglichkeit, Abhängigkeiten zu schaffen, zumal wenn man bedenkt, welchen Stellenwert Auslandsreisen für eingeschlossene DDR-Bürger hatten.

Zuletzt noch ein Wort über die Rolle von DDR-Kirchenvertretern in ökumenischen Gremien. Ihre Beiträge wurden besonders beachtet, und es gab nicht wenige, die sich freuten, wenn Vertreter aus der Bundesrepublik und der DDR unterschiedlich votierten. Heute wissen wir, wie sehr die Genfer Zentrale der Ökumene von Agenten des KGB durchsetzt war; Generalsekretär Castro war immerhin Mitglied der stark von Moskau gesteuerten «Prager Friedenskonferenz». Es sei auch an die merkwürdige Rolle erinnert, die der russisch-orthodoxen Kirche in politischer Hinsicht zugedacht war. Bis 1961 war jeder Kontakt mit der Genfer Zentrale verpönt gewesen, dann entdeckte man plötzlich, welche politischen Möglichkeiten sich hier auftaten. In den siebziger Jahren waren dann kritische Worte der Ökumene etwa in Richtung Südafrika, Chile oder Nicaragua an der Tagesordnung, während über schlimme Menschenrechtsverletzungen etwa in der Sowjetunion oder in Rumänien kaum etwas zu hören war. Zu dieser politischen Einäugigkeit sollten auch die Delegierten aus der DDR verleitet werden. Wer dem nicht nachgab, setzte seine Reisemöglichkeiten aufs Spiel.

In einem Bericht über den 6. März 1978, seine Hintergründe und Folgen, darf die zuletzt genannte Dimension nicht vergessen werden. Die SED hatte in ihrem Bemühen, die Kirche vorsichtig zu behandeln, immer auch die Außenpolitik im Auge.

In jener Sitzung am 10. März 1978, in der ich meinen Austritt aus der Kirchenleitung von Berlin-Brandenburg erklärte, hat es noch ein weiteres Ereignis gegeben, das mich in meiner Entscheidung bestärkte. Bischof Schönherr hatte als neuen Generalsuperintendenten für Potsdam überraschend den Pfarrer Rolf-Dieter Günther vorgeschlagen, leitendes Mitglied der «Prager Friedenskonferenz». Inzwischen hat Günther zugegeben, seit 1968 – wenn auch nach seiner Aussage unwissentlich – mit der Stasi in Verbindung gestanden zu haben. Ich sah in diesem Personalvorschlag die Bestätigung meines Verdachtes, daß ein neuer Kurs im Sinne stärkerer Anpassung an die DDR-Politik eingeschlagen werden sollte. Pfarrer Günther ist durch die Superintendenten des Bezirkes Potsdam in der anschließenden vorgeschriebenen Befragung abgelehnt worden. Das war einer der gelegentlichen Erfolge des Widerstandes.

VII Zunehmende Politisierung der Kirche

Wer die innerkirchlichen Diskussionen der achtziger Jahre verfolgte, mußte den Eindruck gewinnen, daß für die Kirche nur noch politische Themen wichtig waren. Man war fast geneigt zu glauben, daß die Politik tatsächlich unser Schicksal ist.

Auf Synoden und Kirchentagen in der DDR beherrschten Themen das Feld, die alles andere als theologischer Art waren. Aber wie sollte man Politik und Theologie auseinanderhalten, wo es dabei doch immer auch um ethische Fragen ging? Ich denke etwa an die «Ökumenische Versammlung für Gerechtigkeit, Frieden und Bewahrung der Schöpfung», die in der Zeit vor der Wende die Kirchen in der DDR stark beschäftigte.

Es wurden Fragen behandelt, die einfach in der Luft lagen. Wer konnte sich ihnen entziehen? Da sie unmittelbar in den politischen Bereich hineinragten, verstärkte sich der Eindruck, daß es weithin nicht die eigentlichen Glaubensfragen waren, die Leidenschaft auslösten, sondern die Probleme der Politik. Böse Zungen meinten, die Kirche rede nur deshalb soviel von Politik, weil sie mit ihrem eigentlichen Thema nicht mehr lande. Da es hier um ein Problem geht, das heute nicht weniger aktuell ist als damals, möchte ich ein paar grundsätzliche Gedanken über Kirche und Politik einfügen. Dabei ist zunächst zu klären, in welchem Sinne hier das Wort Politik gebraucht wird.

Politik im weiteren Sinne umfaßt den gesamten Bereich

des öffentlichen Lebens, und der Mensch als Teil der Gemeinschaft wird immer auch ein «politisches Wesen» sein. In diesem weiteren Zusammenhang ist alle Verkündigung der Kirche «politische Predigt». Die Kirche als eine in der Welt lebende Gemeinschaft ist – ob sie es will oder nicht – durch ihr bloßes Dasein eine politische Größe. Selbst ihr Schweigen kann ein Politikum sein.

Meist jedoch geht es um sogenannte Tagespolitik, also um die Ausübung der Macht, bestimmte Ziele durchzusetzen. Beziehungen zwischen den Staaten müssen ebenso geregelt werden wie das Zusammenleben der Menschen innerhalb eines Landes, und auch das kleinste Gemeinwesen will organisiert sein. Kann es Aufgabe der Kirche sein, in diesen Dingen mitzumischen, sind Theologen in diesen Fragen gar klüger als Politiker? Kann man von einer christlichen Politik reden, oder kann es im günstigsten Fall nur eine vernünftige Politik geben? Zwei Denkmodelle sind möglich.

Man kann ausgehen von dem Satz: Jesus Christus ist Herr über alle Lebensbereiche. Das Barmer Bekenntnis sagt: «Christus ist Gottes kräftiger Anspruch auf unser ganzes Leben.» Der politische Bereich kann dabei nicht ausgeklammert bleiben. Zwar ist die Welt, in der wir leben, noch nicht das Reich Gottes, aber die Kräfte dieses kommenden Reiches sollen hier schon wirksam werden. So sind etwa die Gebote der Bergpredigt durchaus auch in der Politik zu beachten. Da bloße pragmatische Vernunft oft nicht hinreicht, die Probleme zu lösen, kommt es auf die Zielsetzung an. Wenn sich ein Politiker auf Sachzwänge beruft, denen er sich beugen müsse, so ist dem mit Vorsicht zu begegnen. Christen haben insbesondere darüber nachzudenken, welche Handlungsweise am ehesten dem Willen Gottes entspricht, und notfalls auf revolutionäre Veränderungen hinzuarbeiten. Die südamerikanische Befreiungstheologie orientiert sich an diesem Denkmuster ebenso wie viele Anhänger eines christlichen Pazifismus.

Anders der Denkansatz bei der lutherischen Lehre von den zwei Reichen. Natürlich wird hier der weltliche Bereich nicht vollkommen ausgeklammert und seiner Eigengesetzlichkeit überlassen. Es wird nur stärker der Unterschied gesehen zwischen dieser vergehenden und der kommenden Welt, zwischen Heil und Wohl. Aufgabe der Kirche ist es nach diesem Verständnis, an die Gebote Gottes zu erinnern, die Gewissen zu schärfen und die Menschen auf die wahren Werte zu lenken. Von daher war es legitim, gegen den Totalitätsanspruch der SED und gegen Menschenrechtsverletzungen in der DDR zu protestieren. Aber immer mußte man genau unterscheiden: Was sagst du nur als verantwortungsbewußter Staatsbürger, und was hast du wirklich im Namen Gottes zu bezeugen? Vor allem aber hatte und hat die Kirche dem immer wieder gerade auch in der Politik schuldig werdenden Menschen die Botschaft von der Vergebung zu vermitteln, die wirklich befreit und so zu mutigem Handeln befähigt. Wenn die Kirche eine Erziehungsaufgabe hat, die ins Politische hineinreicht, dann die, das Verantwortungsbewußtsein zu stärken.

Natürlich kann die Zwei-Reiche-Lehre auch mißbraucht werden. Staatshörige Theologen der DDR haben postuliert: Die Kirche ist für die Welt des Glaubens zuständig, dort gilt das Evangelium. In den weltlichen Dingen hat die Vernunft das Sagen, diese Vernunft tritt uns im Marxismus entgegen. Dabei war wohl das erste Gebot vergessen worden, wonach es nur einen Gott gibt, neben dem weder im geistlichen noch im weltlichen Bereich ein anderer Gott anerkannt werden kann.

Trotz des möglichen Mißbrauchs ist die lutherische Lehre von den zwei Reichen hilfreich für das Themenfeld Kirche und Staat. Sie kann verhindern, daß aus der Kirche ein Organ des Staates beziehungsweise aus dem Staat ein Instrument der Kirche wird. Auch dies hat es im Laufe der Geschichte gegeben. Die Zwei-Reiche-Lehre will übrigens nicht nur die Unterschiedlichkeit der beiden Welten betonen, sondern auch zeigen, inwieweit sie aufeinander bezogen sind. Hier wie dort hat man es mit denselben Menschen zu tun, die bewußt oder unbewußt demselben Herrn dienen. Mir selber ist diese lutherische Schau der Dinge in den Auseinandersetzungen der letzten Jahrzehnte eine große Hilfe gewesen.

Als eine der besonderen Gefahren, die mit einer Politisierung der Kirche verbunden sind, sehe ich die Verkürzung der christlichen Verkündigung auf einen moralischen Forderungskatalog. Theologen sprechen in diesem Zusammenhang von Gesetzespredigt. Leicht kommt das befreiende Evangelium von der Gnade Gottes dabei zu kurz. Und könnte eine Politisierung der Kirche nicht auch dahingehend mißverstanden werden, als sei die Kirche in der Lage, durch besondere Aktivitäten das Reich Gottes zu errichten oder dies auch nur zu fördern? Solche Gedanken beflügeln – nicht nur bei Mohammedanern! – einen bedenklichen Fanatismus, da blüht die Intoleranz.

Eines muß klar sein: Politische Entscheidungen sind in der Regel Ermessensfragen. Als Christ kann ich – je nach dem Stand meiner Erkenntnis – so oder so wählen. Bis 1918 und eigentlich bis 1933 fühlte sich ein großer Teil der evangelischen Pfarrerschaft den Deutschnationalen verbunden, und es entstand der Eindruck, daß die Kirche sich mit dieser Richtung identifiziere. Das stieß viele, vor allem sozialdemokratisch orientierte Christen, ab und entfremdete sie von der Kirche. Heute können wir ähnliches in umgekehrter Richtung erleben. So ist die Meinung weit verbreitet, die Kirche stehe «links», was einen erheblichen Teil der treuen Gemeindeglieder verunsichert. Es muß dabei bleiben: Was die Christen miteinander verbindet, ist der Glaube an Christus; die politischen Konsequenzen, die der einzelne daraus zieht, bleiben ihm überlassen.

Aus diesem Grund hat ein Pfarrer stets zu beachten, daß unter seiner Kanzel wahrscheinlich auch viele sitzen, die anders denken als er. Ein zu starkes politisches Engagement von Pfarrern gefährdet das Vertrauensverhältnis zu einem Teil der Gemeinde. Im übrigen dient eine Vermischung der «zwei Reiche» weder dem Staat noch der Kirche. Wer aus politischen Fragen allzu schnell Glaubensfragen macht, wird ungern zu Kompromissen bereit sein und dem Frieden in der Welt nicht unbedingt dienen.

Die Politisierung der Kirche in der DDR ist in den achtziger Jahren besonders durch das Auftreten der sogenannten Gruppen gefördert worden. Wer über kirchliche Entwicklungen weniger informiert ist, kann mit dem Sammelbegriff Gruppen vielleicht wenig anfangen. Von 1981 an sind sie in Erscheinung getreten, und besonders in der letzten Zeit vor der Wende haben sie viel von sich reden gemacht. Sie waren zahlenmäßig klein, aber in ihrem Auftreten oft öffentlichkeitswirksam. Die Schwerpunktsetzungen waren unterschiedlich, meistens jedoch ging es um die Themen Frieden, Menschenrechte und Ökologie. Ihr Wirken wurde von der staatlichen Seite mit wachsendem Mißtrauen beobachtet. Es gab auch Gruppen wie die «Solidarische Kirche» oder «Kirche von unten», in denen nicht weniger als der Staat auch die Kirche angegriffen wurde. Aber eigentlich wurde alles kritisiert, und die Angriffslust war beachtlich.

Zunächst freuten sich viele von uns, daß hier Menschen auftraten, die es wagten, den Mund aufzutun und das weitverbreitete ängstliche Schweigen zu durchbrechen. Schon nach der Ausweisung Wolf Biermanns 1976 war aufgefallen, daß Kritik lauter als bisher geäußert wurde. Aber erst mit Gorbatschow begann sich trotz heftiger Gegenwehr der DDR-Führung so etwas wie ein Klimawechsel abzuzeichnen. Auch die kirchlichen Synoden legten nicht mehr jene übertriebene Vorsicht an den Tag, die bis dahin die Regel gewesen war.

Als die Gruppen, von denen hier die Rede ist, immer mehr unter Beschuß des SED-Staates gerieten, nahmen sie dankbar den Schutz an, der ihnen unter dem Dach der Kirche geboten wurde. Zwar hatten viele Vertreter der Gruppen kein inneres Verhältnis zur Kirche, aber andererseits konnte auch nicht übersehen werden, daß viele ihrer Forderungen sich mit dem deckten, was auch Anliegen der Kirche war. Außerdem war der alte kirchliche Grundsatz zu beachten, daß Menschen in Bedrängnis zu helfen ist. Das Bereitstellen von kirchlichen Räumen für rein politische Veranstaltungen der Gruppen war natürlich nicht unproblematisch. Mancher Pfarrer verweigerte sich nicht etwa aus Angst vor staatlichen Repressalien, sondern aus grundsätzlichen Erwägungen. Ist die Kirche ein Auditorium für alle, ein «Markt der Möglichkeiten»? Muß nicht vielmehr jede Zusammenkunft, die in Räumen der Kirche und unter deren Verantwortung stattfindet, einen Bezug zum eigentlichen Auftrag der Kirche haben – und sei der noch so entfernt?

Mit solchen Fragen wurde ich im Juni 1987 konfrontiert. Obwohl ich damals nominell schon Ruheständler war, hatte ich für zwei Jahre vertretungsweise an der Ostberliner Pfingstkirche Dienst zu tun, war dort auch Vorsitzender des Gemeindekirchenrates. Anläßlich des Ostberliner Kirchentages wollten Vertreter der Gruppen einen eigenen «Kirchentag von unten» durchführen. Das sollte eine Plattform für die Vertretung ihrer politischen Forderungen werden. Einige Kirchengemeinden hatten es bereits abgelehnt, ihre Räume hierfür zur Verfügung zu stellen. Der «Kirchentag von unten» drohte mit der gewaltsamen Besetzung einer Kirche. Es entsprach der bekannten Taktik von Konsistorialpräsident Stolpe, eine Konfrontation unbedingt zu vermeiden, und so bat er die Pfingstgemeinde dringend, ihr Gemeindehaus für den «Kirchentag von unten» zu öffnen. Ich hatte den Eindruck, daß dieses Vorgehen mit der Staatssicherheit abgesprochen war. Ungeachtet schwerer Bedenken des Gemeindekirchenrates fand die Veranstaltung dann bei uns statt.

Es ist dankbar hervorzuheben, daß Bischof Forck und andere Mitglieder der Kirchenleitung durch ihre Anwesenheit dazu beitrugen, einen geordneten Verlauf des «Kirchentages von unten» zu gewährleisten. Mich hat nicht gestört, daß hier mutige Kritik an den Verhältnissen in der DDR geäußert wurde, wohl aber war mir der chaotische Stil der ganzen Veranstaltung unerträglich. An den Plakaten, die an den Wänden hingen, war abzulesen, daß unter der Bezeichnung «Die Gruppen» ausgesprochene Linksextremisten firmierten, die sich zum Teil auch selber als Trotzkisten oder Anarchisten bezeichneten. Mehrfach fiel der Name Bakunin. Spätestens da war mir klar, daß es sich hier um Leute handelte, die zwar gegen die SED waren, diese aber im Grunde nur links überholen wollten mit dem Ziel, eine «bessere DDR» zu schaffen.

Die Gruppen waren keine einheitliche Bewegung. Darum kann meine kritische Wertung nicht verallgemeinert werden. Schließlich ist aus diesen Reihen das entstanden, was man später als «Bürgerbewegung» bezeichnet hat. Viele ihrer Vertreter spielten an den «Runden Tischen» nach der Wende eine wichtige Rolle. Und haben sie nicht auch selber entscheidend zur Wende beigetragen, indem sie den Kern friedlicher Demonstrationen bildeten?

Zu den oppositionellen Gruppierungen gehörte nicht zuletzt die kirchliche Friedensbewegung. Sie erregte bei der SED besonderen Argwohn, weil der Staat für sich in Anspruch nahm, selber eine einzige große Friedensbewegung zu sein. Mit Recht wurde bei den kirchlichen Gruppen das Aufkommen eines radikalen Pazifismus vermutet.

Seit Gründung der Bundeswehr und einer Nationalen Volksarmee in der DDR war die Diskussion darüber nicht verstummt, ob man als Christ mit gutem Gewissen Soldat sein könne. Auch im letzten Jahrzehnt des Kirchenbundes hat dieses Thema viele Auseinandersetzungen mit sich gebracht. Es war verständlich, daß nach den Schrecken zweier Weltkriege und angesichts der alles zerstörenden Atomwaffen die Frage nach dem Kriegsdienst außergewöhnliches Gewicht erhielt. Inzwischen hat sich in weiten Teilen der Welt die Erkenntnis durchgesetzt, daß Gewissensbedenken von Wehrdienstverweigerern zu respektieren seien.

Die DDR sah sich hier vor eine ganz besondere Schwierigkeit gestellt. Ihre Sonderexistenz hat sie ja immer damit gerechtfertigt, daß sie «der erste Friedensstaat auf deutschem Boden» sei. Das Wort «Frieden» wurde so strapaziert, daß man es zuletzt gar nicht mehr hören konnte. Wie ließ sich das vereinbaren mit massiver Aufrüstung und immer stärker werdender Militarisierung des gesamten öffentlichen Lebens? Das Wort vom «Friedenskampf» kam auf. Der Frieden, hieß es, «muß bewaffnet sein». In den Schulen wurde gelehrt, daß Gewehre an sich nicht schlecht seien, es komme nur darauf an, wer sie in der Hand halte. Aus dieser Logik wurden pazifistische Regungen, die man im eigenen Lande nicht duldete, im Westen zielstrebig gefördert, um dort die Wehrkraft zu untergraben. Die östliche Friedensbewegung hingegen war nichts anderes als ein Instrument des Warschauer Paktes – wie ehrlich es viele ihrer Vertreter auch meinten.

Wehrdienstverweigerer wurden als potentielle Staatsfeinde angesehen. Immerhin zeigte man 1964 ein gewisses Entgegenkommen, indem Armee-Baueinheiten gebildet wurden, in denen Wehrpflichtige dienen konnten, die den Dienst mit der Waffe ablehnten. Damit waren freilich längst nicht alle Probleme gelöst. Es gab Totalverweigerer, die auch die Baueinheiten als Teil des militärisch-industriellen Komplexes ablehnten. Außerdem mehrten sich die Fälle, in denen Wehrpflichtige, die ihren Dienst bei den Baueinheiten abgeleistet hatten, später nicht zum Studium zugelassen wurden. Es gab Probleme mit Reservisten, die zwar ihrem aktiven Wehrdienst nachgekommen waren, aber danach zu der Überzeugung gelangten, keinen Dienst mehr mit der Waffe tun zu können. Die Behandlung all dieser Verweigerer war unterschiedlich. Die Kirche war im Rahmen ihrer Möglichkeiten bemüht, Hilfestellung zu leisten.

Besonderes Ärgernis bereitete die vormilitärische Ausbildung von Schülern und auch Schülerinnen, ferner die Einführung des Wehrkundeunterrichtes. In dieser Sache haben sich kirchliche Stellen zu klaren Stellungnahmen aufgerafft. Das Echo bei den Gemeindegliedern blieb leider enttäuschend schwach. Mehr Wirkung zeigte die Aktion «Schwerter zu Pflugscharen». Unter Hinweis auf das bekannte Wort aus dem Propheten Jesaja haben besonders Jugendliche ihr Bekenntnis zur Abrüstung abgelegt. Die DDR, die sich immer als Friedensstaat geben wollte, kam in eine fatale Situation, als sie sich rücksichtslos dieser Aktion entgegenstellte.

Die Frage der Wehrdienstverweigerung war Teil einer umfassenden Diskussion über die grundsätzliche Berechtigung des Pazifismus. Diese Frage steht angesichts der veränderten Weltlage nach Überwindung des Ost-West-Konfliktes in neuen Zusammenhängen, die es auch für die Kirche erforderlich machen, ihr Verhalten zu überdenken. Es hat von Anfang an Christen gegeben, die unter Berufung auf die Bergpredigt jede Form von Gewalt ablehnten, andere berufen sich auf Bibelstellen, die das Problem des Pazifismus in einem anderen Licht erscheinen lassen. Die Bekenntnisse der großen Kirchen in dieser Frage sind jedoch eindeutig. So sagt auch das Barmer Bekenntnis der Bekennenden Kirche von 1934 in Artikel 5: «Die Schrift sagt uns, daß der Staat nach göttlicher Anordnung die Aufgabe hat, in der noch nicht erlösten Welt, in der auch die Kirche steht, nach dem Maß menschlicher Einsicht und menschlichen Vermögens unter Androhung und Ausübung von Gewalt für Recht und Frieden zu sorgen.» Luther bezeichnete Menschen, die meinen, das Reich Gottes sei schon voll hereingebrochen und dabei die Widrigkeiten dieser vergehenden Welt übersehen, als Schwärmer. Es kann mitunter ein Gebot der Nächstenliebe sein, gegen mutwillige Angreifer und zerstörerische Kräfte sich und die Seinen auch mit Gewalt zu verteidigen. Das Augsburgische Bekenntnis der Lutheraner spricht noch von «gerechten Kriegen».

So schnell geht uns dieses Wort heute nicht mehr über die Lippen. Der Kirchenbund, der sich in seinen Äußerungen zur Wehrdienstfrage am Ende pazifistischen Positionen angenähert hatte, übertrieb jedoch, als er in einer vielbeachteten Verlautbarung die Verweigerung des Waffendienstes gegenüber der Bereitschaft zum Soldatsein als das «deutlichere Zeichen» einer christlichen Haltung empfahl. Damit machte der Kirchenbund jedem Soldaten vor der Gemeinde ein schlechtes Gewissen. Und an diesem Punkt beginnt die Sache schwer erträglich zu werden: Soll es denn Christen erster und zweiter Klasse geben? Es sei abschließend allerdings eingeräumt, daß in einem so durch und durch militarisierten Staat wie der DDR sehr viel Mut dazugehörte, die pazifistische Position konsequent zu vertreten.

Auch bei der Ende 1989 aufbrechenden Diskussion um die Wiedervereinigung Deutschlands zeigte sich, wie weit die Meinungen zu politischen Fragen in der evangelischen Kirche auseinanderliegen. Ich will gern zugeben, daß noch im Dezember kaum jemand mit einer schnellen Wiedervereinigung rechnete. Auf dem Pfarrkonvent Berlin-Friedrichshain am 6. Dezember 1989 referierte Dr. Dohle, einer der fähigsten und wendigsten Mitarbeiter im Staatssekretariat für Kirchenfragen. Er sprach von der notwendigen Zusammenarbeit von Christen und Marxisten als den einzigen, die eine klare Linie beim Neuaufbau der DDR vorgeben könnten. Ich konnte in einem Diskussionsbeitrag nur antworten: «Die Wiedervereinigung wird mit der elementaren Gewalt eines Naturereignisses hereinbrechen.» Der bekannte Pfarrer und jetzige Bundestagsabgeordnete Eppelmann schaute mich völlig entgeistert an.

Alle Träume von einem «verbesserlichen Sozialismus» und einer reformierbaren DDR erwiesen sich am Ende als pure Illusion. Das muß festgehalten werden, weil es immer noch zu viele Nostalgiker gibt, die der menschlichen Neigung nachgeben, die Vergangenheit in einem verklärten Licht zu sehen. Leider kann nicht geleugnet werden, daß viele führende Vertreter der evangelischen Kirche der Wiedervereinigung Deutschlands skeptisch bis reserviert gegenüberstanden. Das ist eigentlich erstaunlich, weil gerade die Kirche unbestritten viel für die Bewahrung des Zusammenhalts der Deutschen getan hat. Es hatte sich aber in vielen Köpfen ein Geschichtsbild festgesetzt, wonach mit dem Jahr 1945 unwiderruflich das verdiente Ende eines deutschen Gesamtstaates gekommen war. Hatten wir nicht jahrzehntelang gerade in der Kirche die Meinung gehört, Deutschland müsse als Konsequenz der schweren Schuld, die es auf sich geladen habe, die Teilung hinnehmen? Es ist immer bedenklich, wenn Christen sich eine Geschichtstheologie zurechtlegen, mit der sie genau bestimmen zu können glauben, was Gottes Plan und Wille sei. Ich halte dagegen: Verlorenes Nationalgefühl zeugt von entschwundenem Geschichtsbewußtsein.

Zu einem Zeitpunkt, als sich bereits die Wiedervereinigung abzeichnete, unterschrieb zusammen mit einigen Linksintellektuellen aus der DDR der Ostberliner Generalsuperintendent Günter Krusche (nicht zu verwechseln mit dem einstigen Magdeburger Bischof) den Aufruf «Für unser Land». Darin wurde eindringlich für den Erhalt der DDR und der Identität ihrer Bürger votiert.

Bei dieser Einstellung mancher Kirchenleute ist es nicht verwunderlich, daß auch die Wiedervereinigung des Kirchenbundes der einstigen DDR mit der EKD keineswegs unproblematisch verlief. Es gab lebhafte Debatten und intensive Verhandlungen, bis im Juni 1991 in Coburg der entscheidende Beschluß gefaßt wurde. Eigentlich war der Zusammenschluß eine Selbstverständlichkeit, denn 1969 war die Trennung – wie geschildert – unter äußerem Druck und mit großen Schmerzen erfolgt. Rechte Freude über den Kirchenbund ist bei vielen von uns nie aufgekommen, geschweige denn, daß es eine emotionale Bindung an ihn gegeben hätte. Nun aber regten sich Stimmen, die von den besonderen Erfahrungen der DDR-Christen sprachen, die nicht alle den Bach hinuntergehen dürften. Hinzu kam die im Osten verbreitete Sorge, man würde nur vereinnahmt und die Errungenschaften aus den Zeiten der DDR hätten von vornherein keine Chance. Ich möchte nicht auf die sich hier offenbarende Gemütslage eingehen, die psychologisch verständlich ist. Wichtiger ist es, die Frage zu beantworten, was denn – empirisch – das Spezifische und Erhaltenswerte der DDR-Kirchen gewesen sein soll.

Da ist zunächst das Gefühl, es hätte ein stärkeres Gemeinschaftsbewußtsein und eine größere menschliche Nähe gegeben. Bis in die kirchlichen Behörden hinein sei es unbürokratischer und herzlicher zugegangen. Das mag stimmen. Sicher hat dazu der Druck von außen beigetragen. Für die meisten gab es ein gemeinsames Feindbild. So etwas bindet Menschen aneinander. Wenn man aber jetzt weiß, wie viele Spitzel auch in kleinsten Kreisen tätig waren, erfährt diese romantisierende Betrachtung doch eine Trübung.

Des weiteren wird von der größeren Bescheidenheit gesprochen und wie gut es gewesen sei, in einer «armen» Kirche zu wirken. Nun, dank westlicher Hilfe ist die Armut nicht so groß gewesen. Jedenfalls hielt sie sich im Vergleich mit anderen Kirchen der Welt in Grenzen. Bescheidenheit als Tugend ist weniger eine Frage der äußeren Lebensumstände als vielmehr des Charakters. Dennoch soll nicht bestritten werden, daß der Zwang zur Einschränkung auch seine positiven Seiten hatte. Er half zur Konzentration auf Wesentliches.

Oft wird eine zu große Staatsnähe der Kirchen in den alten Bundesländern beklagt. Demgegenüber sei in der DDR allein schon durch die wenig kirchenfreundliche Einstellung des Staates von vornherein eine größere Distanz zu verzeichnen gewesen. Auch das stimmt nur teilweise. Die staatliche Einmischung in kirchliche Angelegenheiten war unübersehbar. Die von manchem Erfolg begleiteten Bemühungen der DDR, kirchliche Stimmen besonders für außenpolitische Ziele zu nutzen, sind bereits geschildert worden. Und was das offene, freundliche Verhältnis Staat–Kirche in der alten Bundesrepublik betrifft: Ist darin unbedingt etwas Negatives zu sehen? Es stimmt, daß im Pluralismus der Bundesrepublik die Kirche an Profil verlieren könnte. Stellungnahmen der Kirche fanden zu DDR-Zeiten eine viel größere Aufmerksamkeit. Aber um welchen Preis? Wer wollte sich im Ernst nach den damaligen Zuständen zurücksehnen?

Dann wird als eine Errungenschaft der Kirche in DDR-Zeiten hingestellt, daß man unter dem Druck der Verhältnisse zur Entwicklung neuer Arbeitsformen genötigt gewesen sei. Die Abschaffung des Religionsunterrichtes zum Beispiel machte die Einrichtung einer gemeindegebundenen Christenlehre erforderlich. Hier sei mehr geboten worden als nur eine allgemeine Religionskunde, hier habe sich die Möglichkeit eröffnet, Kinder aus einer schulischen Atmosphäre heraus- und in das Leben der Gemeinde hineinzuführen. Alles richtig und gut, solche Erfahrungen sollen nicht verlorengehen. Aber können wir die Tatsache übersehen, daß die Zahl der Kinder, die wir erreichten, in der Regel erschütternd klein geblieben ist?

Als positiv wird es häufig gewertet, daß nach Wegfall der Kirchensteuer in der einstigen DDR sich für die Kirchen die Notwendigkeit ergab, diese Dinge in eigene Regie zu übernehmen. War der Verzicht auf staatliche Hilfe beim Einzugsverfahren nicht im Grunde ein Fortschritt? Auch hier muß vor einer Verklärung der damals entstandenen Situation gewarnt werden. Da viele Gemeindeglieder weit unter dem Satz blieben, der für ihre Einkommensgruppe vorgesehen war, erbrachten immer mehr die Rentner mit ihrem Kirchgeld den größten Teil des Aufkommens. Von Steuergerechtigkeit konnte längst nicht mehr die Rede sein. Zwar ist dankbar festzustellen, daß durch die gute Arbeit kirchlicher Verwaltungsämter und durch die Treue zahlender Mitglieder die Höhe der Gesamteinnahmen vielerorts gehalten werden konnte, aber ohne die sehr umfangreiche Hilfe der westlichen Landeskirchen wäre die Durchführung der kirchlichen Arbeit nur in einem ganz engen Rahmen möglich gewesen.

Alle eben angeführten Beispiele zeigen, daß es viele eigenständige Erfahrungen der östlichen Landeskirchen gegeben hat. Es ist jedoch kritisch zu prüfen, inwiefern sie einen Beitrag bedeuten, der in die vereinigte Gesamtkirche einzubringen ist. Vieles war eine Notlösung, die nicht konserviert werden kann. Schon im Alten Testament steht der Satz: «Alles hat seine Zeit.»

Zum Glück ist trotz aller geäußerten Bedenken die Wiedervereinigung der EKD vollzogen worden. Hier gilt, was schon im Zusammenhang mit der staatlichen Wiedervereinigung gesagt worden ist: Juristische und organisatorische Regelungen der Einheit sind die eine Seite der Sache, das Zusammenwachsen der Menschen die andere und wichtigere Seite. Oft werden Besserwisserei, Überheblichkeit oder auch Gleichgültigkeit der Menschen des Westens kritisiert. Dabei sollte nicht vergessen werden, daß mimosenhafte Empfindlichkeit von uns Menschen des Ostens auch ein Störfaktor beim Zusammenwachsen sein kann. Nicht ohne Grund spricht man von einer spezifisch deutschen Neigung zur Selbstbemitleidung.

An dieser Stelle muß ich dankbar hervorheben, welch große Bedeutung für die östlichen Gemeinden die Pflege der Partnerschaft mit Gemeinden des Westens hatte. Die Intensität dieser Beziehungen war natürlich unterschiedlich. Das hing nicht zuletzt von dem Engagement der beteiligten Personen ab. Ich habe in dieser Hinsicht die besten Erfahrungen machen können. Meine Kirchengemeinde Nauen hatte die Partnergemeinde Bonn-Auerberg unter Leitung von Pfarrer Schlessmann. Auf Kirchenkreisebene gab es entsprechende Beziehungen. Es ging nicht nur um Paketsendungen oder die Vermittlung finanzieller Hilfen; vorrangig war ein intensiver Austausch von Gedanken und Erfahrungen. Auch die Pfarrkonvente trafen sich regelmäßig, was natürlich nur im Osten möglich war.

Wir haben bei unseren westlichen Partnern stets ein echtes Interesse an unseren Problemen und bei vielen ein erfreuliches Einfühlungsvermögen festgestellt. Es ermutigte uns, wenn die Partner erklärten, daß sie auch von uns etwas lernen könnten. Vielen Vorurteilen konnte begegnet werden. Schon damals hieß es oft, die Deutschen in beiden Teilen verstehen sich nicht mehr richtig und sprechen kaum noch die gleiche Sprache. Wir haben Gegenteiliges festgestellt. Voraussetzung unserer Verbundenheit war natürlich der gemeinsame Glaube. Ich finde es wichtig, daß heute von solchen Erfahrungen gesprochen wird: Sie helfen uns, die Jahre der Teilung leichter zu überwinden.

Trotz aller Irrwege und Niederlagen meiner Kirche werde ich es nie bereuen, daß ich im Osten geblieben bin und dort als Pfarrer meinen Dienst getan habe. Die Versäumnisse der Kirche in dieser Zeit betrachte ich deshalb auch als meine Versäumnisse. Es war eine schwere Zeit, aber es waren keine «gottlosen Jahre». Eine Kirche nämlich, die sich an Gottes Wort hält, wird durch alle Tiefen hindurchgetragen. Jetzt ist eine neue Situation eingetreten. Wir wollen sie bejahen und die sich damit öffnenden Chancen wahrnehmen: Die Freude über das Ende der kommunistischen Zwangsherrschaft und über die Wiedervereinigung Deutschlands soll stärker sein als alles Klagen.

VIII Kirche wohin?

Sicher ist es eine Übertreibung, wenn gelegentlich der Eindruck erweckt wird, als müßten die meisten ehemaligen DDR-Bürger eigentlich in die Behandlung von Psychotherapeuten. Wahr ist, daß bei zahlreichen Menschen systembedingte seelische Erkrankungen festzustellen sind, die sich dann auch körperlich auswirken. Das gilt nicht nur für Verfolgte, ehemalige Gefangene und andere, die dem Druck der Machthaber in besonderer Weise ausgesetzt waren. Ich denke auch an charakterliche Verbiegungen durch ein Erziehungswesen, in dem unbedingte Anpassung oberstes Gebot war. Diese Erziehung zur Lüge und Doppelzüngigkeit wird noch manche Spätfolgen mit sich bringen.

Viele leiden noch heute an der Vorstellung, dauernd überwacht zu werden: leise reden, es könnte jemand mithören! Dadurch nimmt die Unbefangenheit im Umgang mit Menschen Schaden. In einem Staat, in dem eine als Betreuung getarnte Bevormundung sich auf alle Gebiete erstreckte, drohte die Fähigkeit zu erlahmen, Dinge selbst in die Hand zu nehmen. Auch dies, eine Lähmung der Initiativkraft und Risikobereitschaft, ist eine Folge von vierzig Jahren Sozialismus. Viele einstige DDR-Bürger empfinden die Freiheit der westlichen Welt deshalb als etwas Beängstigendes. Es geht ihnen wie Leuten, die nach langer Haft aus dem Gefängnis entlassen werden und sich im Licht des Tages nicht mehr zurechtfinden. Den Hauch der Freiheit empfinden sie als scharfen, ungemütlichen Wind. Da kann es vorkommen, daß der eine oder andere sich nach dem Gefängnis zurücksehnt.

Das Feld, auf dem die marxistische Erziehung ihren größten «Erfolg» erzielt hat, ist die Vermittlung eines radikal atheistischen Weltbildes und einer völlig negativen Schau der Religions- und Kirchengeschichte. Nicht immer ist von den Lehrern der Glaube lächerlich gemacht worden, aber er wurde doch als ein wegen seiner Unwissenschaftlichkeit für einen modernen Menschen völlig unakzeptables Auslaufmodell hingestellt. Auch wo solche Indoktrinierung nicht in die Tiefenschicht eindrang, blieb eine erschütternde Unwissenheit über alles, was wir mit dem Wort Religion umschreiben. In Nauen kam es wiederholt vor, daß Kinder mich baten, ihnen die Kirche zu zeigen. Sie benahmen sich anständig, zeigten Interesse und überschütteten mich mit Fragen. Einer zeigte auf das Kreuz und fragte, wer der Mann wohl sei, der da hängt. Sie sahen Menschen beim Gebet und fragten, was die Leute da wohl machten. Einer, der am ehesten noch etwas zu wissen schien, zeigte auf ein Bild mit Maria und meinte, das sei sicher die Frau von Jesus. Diese Beispiele genügen, um zu zeigen, daß wir bei unserer kirchlichen Arbeit in vielen Fällen ganz von vorn anfangen müssen.

Abwegig wäre es allerdings, aus solchen Erscheinungen zu schließen, daß die «religiöse Dimension» dem heutigen Menschen völlig abhanden gekommen sei. An diesem Punkt hatte schon Dietrich Bonhoeffer nicht recht, der vom Anbruch eines religionslosen Zeitalters sprach. Überall in der Welt erleben wir ein wachsendes Interesse an Religion im weitesten Sinne des Wortes. Fundamentalistische Bewegungen gewinnen nicht nur in der Welt des Islam an Macht. Gurus, Gesundbeter und Heilspropheten sammeln große Anhängerscharen. New Age und asiatische Religionen faszinieren viele Menschen. Wo der christliche Glaube zurückweicht, entsteht ein Vakuum, das gefüllt sein will.

Ein solches Vakuum ist in Ostdeutschland entstanden. Die Zahlen der kirchlichen Statistik sind eindeutig. Zwar kennen wir auch in den alten Bundesländern das Phänomen der Entkirchlichung. Die Zahl der Kirchenaustritte wächst unaufhörlich. Dennoch ist nach wie vor eine große Mehrheit der Bevölkerung Mitglied einer christlichen Kirche. Ein völlig anderes Bild bietet sich in der ehemaligen DDR. Die Zahl der Gemeindeglieder, aber auch die Zahl der kirchlichen Amtshandlungen ist innerhalb weniger Jahre rapide gesunken. Man rechnet damit, daß nur etwa ein Drittel der Bevölkerung einer der Kirchen angehört.

Natürlich gibt es regionale Unterschiede zwischen Nord und Süd, zwischen Stadt und Land. Besonders schlimm sieht es in Ost-Berlin aus, wo in manchen Stadtteilen weit weniger als zehn Prozent sich zur Kirche bekennen. Es ist schwierig, genaue Zahlen zu bekommen, weil zu DDR-Zeiten die Zahl der offiziellen Kirchenaustritte gar nicht so groß war, der Austritt erfolgte lautlos, indem keine Beiträge mehr gezahlt wurden. Bei Befragungen erklärt sich jetzt mancher für evangelisch, der in keiner Gemeinde registriert ist. Auf alle Fälle muß man davon ausgehen, daß die Kirche in den neuen Bundesländern in einer – teilweise extremen – Minderheitensituation ist.

Es gibt Stimmen in Ost und West, die sagen, daß dies für weite Teile von ganz Deutschland zutreffe. Im Westen werde dies nur verschleiert, indem viele «Randsiedler» der Kirche, die ihr formal noch angehören, innerlich schon längst ausgetreten seien. In der einstigen DDR käme die bittere Wahrheit nur besser zum Vorschein, insofern ergebe sich dort das genauere Bild. Ich kann diese Meinung nicht teilen. Es ist nicht abzustreiten, daß die geistige Atmosphäre in den neuen Bundesländern viel markanter von der Entkirchlichung geprägt ist. Kein Gebiet in Europa, sagte kürzlich ein tschechischer Theologe, sei so stark säkularisiert wie das Land der Tschechen und die einstige DDR. Mindestens diesen einen fragwürdigen Erfolg also hat die SED-Herrschaft erzielt.

Entscheidend wichtig ist nun die Frage, wer in das entstandene Vakuum einströmen wird. Werden die christlichen Kirchen wieder Boden gewinnen, werden es Sekten sein, die bereits eine eifrige Tätigkeit entfalten, oder kommt eine Ersatzreligion, von der wir heute noch nichts ahnen? Noch ist alles offen. Ein blanker Nihilismus wird wahrscheinlich nicht das letzte Wort behalten. Diese Eiseskälte hält niemand aus. Das Verlangen nach Religion ist im Menschen unausrottbar. Zur Überwindung der verheerenden Folgen der SED-Zeit gehört nicht nur wirtschaftlicher Aufschwung, sondern vor allem eine geistige Neuorientierung, in deren Gefolge dann auch ein neues moralisches Bewußtsein wächst. Wer an Gott glaubt, wird nicht daran zweifeln, daß sich daraus für die Christen dringliche Aufgaben ergeben, aber auch große Möglichkeiten für die Zukunft.

Wie muß die Kirche aussehen, die den unerhörten Herausforderungen dieser Zeit gewachsen ist? Gehen wir vielleicht einer Zeit des Christentums ohne Kirche entgegen? Oft hört man heute die Meinung: Die Kirche als Institution ist für mich erledigt, auch wenn ich in meinem Herzen Christ bleibe. So haben auch diejenigen geredet, die in der DDR-Zeit aus Opportunitätsgründen aus der Kirche austraten und sich dabei ein gutes Gewissen bewahren wollten. Viele meinen jedoch tatsächlich, daß der Glaube als etwas ganz Innerliches und Persönliches der Organisierung gar nicht bedürfe. Kirche als Institution sei vielleicht überhaupt nicht im Sinne des Stifters. So kann nur denken, wer übersieht, daß der christliche Glaube auf Gemeinschaft angelegt ist. Und Gemeinschaft kann immer nur sichtbare Gemeinschaft sein, die mitten in dieser Welt lebt und wirkt. Jeder größere Zusammenschluß von Menschen aber muß organisiert sein. Zwischen der unsichtbaren Kirche des Geistes und der sichtbaren Kirche als Organisation einen Gegensatz konstruieren zu wollen, führt auf Abwege.

Welche Erscheinungsform ist am ehesten geeignet, den gegenwärtigen Aufgaben der Kirche gerecht zu werden? Soll es eine Volkskirche sein, die es erträgt, daß an ihren Rändern viele Menschen leben, deren Beziehung zu ihr ganz locker ist? Soll es die kleine Schar der wirklich entschiedenen Christen sein? Soll die Kirche eine Aktionsgruppe werden, die sich als Speerspitze im Kampf für eine bessere Welt versteht?

Überall hört man die Meinung, die Zeit der Volkskirche sei vorüber, sie liege in den letzten Zügen. Das meint man besonders auch mit Blick auf die neuen Bundesländer. Das kirchliche Leben wird – soweit vorhanden – auch auf dem Lande nicht mehr von der Tradition getragen, für Amtshandlungen wie etwa Beerdigungen wird immer seltener ein Pfarrer benötigt, die Zahl der Christen in vielen Orten ist so klein geworden, daß sie im öffentlichen Bewußtsein kaum mehr eine Rolle spielen. Aber ist tatsächlich das Ende der Volkskirche gekommen?

Ob eine kirchliche Gemeinschaft als Volkskirche anzusehen ist, hängt nicht von ihrer Mitgliederzahl ab, sondern vom Selbstverständnis und der inneren Struktur. So gesehen sind die Gemeinden in der ehemaligen DDR nach wie vor Volkskirche, wenn auch mit geschrumpften Zahlen. Volkskirchlich gedacht ist es, wenn dem Pfarramt und einem flächendeckenden Parochialsystem unverändert große Bedeutung zukommt, geht es hier doch um Dinge, die für eine christliche Gemeinde konstitutiv sind: öffentliche Verkündigung des biblischen Wortes im Gottesdienst und Spendung von Taufe und Abendmahl, also der Sakramente. Was sich darum sammelt, ist Gemeinde. Volkskirchlich gedacht ist aber auch der Wille, über den kleinen Kreis der Getreuen hinaus dem Ganzen des Volkes zu dienen. Kirche ist ja nicht eine Sammlung vollkommener Christen, sondern solcher, die auf Gottes Gnade und die Vergebung der Sünden vertrauen. Dieser stark von Luther geprägte Kirchenbegriff impliziert geradezu eine volkskirchliche Einstellung: den Mut zur kleinen Zahl ebenso wie, aus missionarischen Gründen, den Willen zu wachsen.

In DDR-Zeiten hatten wir es in der kirchlichen Arbeit oft mit sehr kleinen Zahlen zu tun. Aus der Not wurde dann zu schnell eine Tugend gemacht. Es ist für einen Pfarrer leichter, mit einer kleineren Konfirmandenschar zu arbeiten als mit den großen Gruppen, wie es sie früher gab. Auch sonst gilt, daß in einem kleinen Kreis eher eine familiäre Atmosphäre entsteht. Es ist aber bedenklich, sich für alle Zukunft mit kleinen Zahlen abzufinden. Rechnet niemand mehr mit einer mächtigen neuen Hinwendung zum christlichen Glauben?

Noch einmal also die Frage: Welche Art von Kirche werden wir in Zukunft haben? Wenn nicht Volkskirche – was dann? Auf der Suche nach einem neuen Begriff sagen heute manche statt Volkskirche Freikirche. Als ob dies eine Alternative sei. Die Freikirchen im klassischen Sinne des Wortes – etwa Baptisten und Methodisten – entstanden in längst vergangenen Zeiten einer Staatskirche. Nach diesem Verständnis wäre die evangelische Kirche spätestens seit 1918 eine Freikirche, nämlich unabhängig vom Staat. Irreführend ist auch der Satz, daß man heute einer «Freiwilligkeitskirche» entgegengehe. Die Zugehörigkeit zur Kirche ist selbstverständlich seit langem freiwillig, man kann jederzeit austreten, ohne Nachteile zu erleiden. Daß wir kein passendes neues Wort finden, liegt in der Sache selbst: Wenn wir nicht Sekte sein wollen, sind wir Volkskirche.

Der Spielraum für die Schaffung neuer Strukturen ist im übrigen viel begrenzter, als wir denken. Die Kirche ist eine von ihrem Wesen und ihrem Auftrag her vorgeprägte Größe. Das gilt auch für die Form des Gottesdienstes. Was ist da schon groß veränderbar? Menschen kommen an einem Ort zusammen, um das Wort Gottes zu hören: Gebet, Lobgesang, Predigt, Feier der Sakramente, Sammeln der Kollekte, Spendung des Segens – da ist doch eigentlich nur die Reihenfolge oder die Gestaltung der Einzelteile variabel. Eine Kirche aber, die den Gottesdienst als Zentrum aufgibt, hat sich selber aufgegeben. Damit ist die Grundstruktur gesetzt, und in diesem Sinne wird jede christliche Kirche konservativ sein. Daß darüber hinaus viele Aktivitäten – missionarischer, pädagogischer und diakonischer Art – möglich und nötig sind, ist klar, und immer geht es um Wege, an die Menschen heranzukommen und ihnen in Not konkret zu helfen. Um die dafür nötige Kraft können wir nur bitten.

Auch die Kirche der Zukunft wird eine Gemeinschaft sein, in der Gegensätze und Spannungen ertragen werden müssen. Zwar sind die Grundlagen des Glaubens klar und unverzichtbar, aber um ihre konkrete Auslegung und ihre unmittelbare Wirkung in die jeweilige Zeit hinein wird es immer ein Ringen geben. Um den Streit austragen zu können, ohne daß die Kirche insgesamt in Mitleidenschaft gezogen wird, bedarf es der Toleranz, nicht der billigen und laschen Toleranz jener, die überhaupt keinen Standpunkt haben, sondern der Toleranz von Menschen, die selber eine Überzeugung haben und sie bei Andersdenkenden achten. Volkskirche darf dabei nicht als profilloser Mischmasch von Meinungen verstanden werden. Nur wo man aus einer gemeinsamen Mitte lebt, kann es eine große Weite geben.

«Verlust der Mitte» – so lautet der Titel eines 1948 erstmals erschienenen berühmten Buches. Damit sollte die Situation der Moderne umschrieben werden. Verlust der Mitte bedeutet: Herausfallen aus letzter Geborgenheit, Absturz in Orientierungslosigkeit. Für Christen ist die Mitte, in die es heimzukehren gilt, benannt mit dem Namen Jesus Christus. Schon mit diesem Namen ist das «Grunddogma» der Kirche, ihr entscheidender Kernsatz bezeichnet. Der Mensch Jesus, wie wir ihn durch die Bibel kennen, wird durch die an ihn Glaubenden als der Christus bezeichnet, in dem alle Verheißungen der Bibel sich erfüllen. Er ist nicht nur Menschenfreund und Prediger einer bestimmten Ethik, sondern Offenbarung des Geheimnisses und Gegenübers, das wir als «Gott» anrufen. Er predigt nicht nur Freiheit, sondern er macht wirklich frei. Kreuz und Auferstehung stehen im Mittelpunkt. Das ist die einzige «Wende», die diesen Namen verdient. Wo Christus ist, da ist das hereinbrechende Reich Gottes schon Gegenwart. Diese Gewißheit zu festigen ist die Hauptaufgabe der Kirche. Wo sie von dieser Mitte abweicht, wird sie schnell in die Belanglosigkeit absacken. Dann wird sie nur noch Dinge tun, die Nichtchristen genausogut leisten können.

Überall in der Kirche gibt es Erneuerungsbewegungen, kleinere und größere Gruppen, denen es um eine Erneuerung der Kirche von innen, von unten geht. Da wäre unter anderem die charismatische Bewegung zu nennen, die auch im katholischen Bereich wirksam ist, oder es wäre auch an das Weiterwirken des Pietismus zu denken, der seit dreihundert Jahren um eine vertiefte Frömmigkeit in den Gemeinden kämpft. Wenn Kreise, die als bibeltreu oder manchmal auch «evangelikal» bezeichnet werden, sich zu einem «Kirchentag unter dem Wort» versammeln, kommen gelegentlich mehr Personen zusammen als bei einem offiziellen Kirchentag. In den Medien freilich wird über solche Ereignisse meistens nur kurz und am Rande berichtet, hier passiert nichts, was als sensationell bezeichnet werden könnte. Kirchliche Außenseiter wie Eugen Drewermann, Frau Sölle oder Frau Ranke-Heinemann sind da viel dankbarere Objekte.

So entsteht leicht ein verzerrtes Bild von dem, was heute Kirche ist und tut. Es gibt im Westen und Osten Deutschlands viele Christen, die unauffällig, aber beharrlich daran arbeiten, daß es zu einer «Konzentration auf die Mitte» kommt, wie überhaupt das Wesentliche meistens in der Stille geschieht. Wichtig ist allerdings, daß Kreise, die sich als «erweckt» betrachten, nicht sektiererisch sich absondern, sondern sauerteigartig zur Erneuerung der Gesamtkirche beitragen. Auch eine saubere theologische Arbeit kann im übrigen die Hinwendung zur Mitte erleichtern.

In der Einleitung habe ich auf die Wichtigkeit des ersten Gebotes in der Auseinandersetzung mit dem totalitären Staat hingewiesen. Nach dem Ende der kommunistischen Herrschaft ist dieses Gebot nicht weniger aktuell. Götzen, die sich an die Stelle des wahren Gottes setzen wollen, gibt es zu allen Zeiten und in allen Lebensbereichen. Hieß der Götze von einst, der mit allen Mitteln seinen Totalitätsanspruch durchzusetzen suchte, Partei, so haben wir es heute in erster Linie mit dem Götzen Mammon zu tun. Es handelt sich hierbei freilich um eine schleichende Beeinflussung, die begünstigt wird durch ein gottfernes Milieu und einen platten Materialismus. Die Möglichkeiten, sich dagegen zu wehren, sollten eigentlich größer sein, weil von einem wirklichen äußeren Druck nicht mehr die Rede sein kann. «Nur tote Fische schwimmen mit dem Strom.»

Eine Kirche, die um jeden Preis modern sein will, wird am ehesten veralten, eine Kirche, die hechelnd jeder Mode hinterherläuft, wird bald einsehen müssen, daß der Zeitgeist viel zu schnell davoneilt. Christen kennen die Bedeutung des «Hier und Jetzt», sie nehmen die Gegenwart an und ruhen zugleich im Ewigen.

In diesem Zusammenhang wird oft die Frage aufgeworfen, ob die Kirche eine revolutionäre oder eine stabilisierende Funktion erfüllt. Beides, so möchte ich sagen. Christen nehmen Gegebenheiten nicht einfach hin. Sie wissen von den Kräften der Erneuerung. Ihr Glaube befähigt sie, auch in scheinbar aussichtsloser Lage für mehr Gerechtigkeit einzutreten. Christen glauben an die einzige wirkliche Revolution, die alles verändern wird, das Kommen des Reiches Gottes. Insofern hat der christliche Glaube etwas Dynamisches an sich, er ist ganz vorwärtsgerichtet und drängt zur Tat. Darin kann etwas Revolutionäres liegen.

Aber das andere gilt auch. Kirche und Glaube wirken stabilisierend. Ich meine nicht die Stabilisierung von Staaten und Gesellschaftssystemen, sondern die innere Festigung von Menschen, die hin und her gerissen werden. Sie finden sich in einer chaotischen Welt und mit ihrem eigenen chaotischen Inneren nicht mehr zurecht. Die Aufgabe der Kirche besteht dann erst einmal darin, zu jener großen Ruhe einzuladen, die der Glaube vermittelt. Erst im Glauben erwächst jene Gelassenheit, ohne die menschliche Aktivitäten zu leerer Betriebsamkeit verkommen. Auch ich sah meine wichtigste Aufgabe als Pfarrer in der DDR in der inneren Stabilisierung von Menschen, damit sie in allen Bedrängnissen und Anfechtungen fest bleiben und den Glauben bewahren.

Sollen wir uns um die Zukunft der Kirche sorgen? Ich mache mir gelegentlich Sorgen um bestimmte Menschen oder um Deutschland oder um die Ökologie, aber nicht um die Kirche. Sie steht nach meiner Überzeugung unter der Führung Gottes und vertritt die Wahrheit, die sich immer von selber durchsetzen wird. Darum habe ich mich ärgern müssen, als einige leitende Männer des Kirchenbundes ihr taktisches Verhalten und Nachgeben damit meinten rechtfertigen zu können, daß «man für die Kirche Raum schaffen müsse, damit ihre Arbeitsmöglichkeiten erhalten bleiben». Es ist dabei wohl vergessen worden, daß Gott seiner Kirche immer eine Tür geöffnet und Raum für ihr Wirken geschaffen hat, wenn sie nur unbeirrt seinem Wort gehorchte. Wenn überhaupt jemand Zukunft hat, dann sind es die Christen und ihre Kirche. Die Reiche dieser Welt vergehen – wir haben es eindrücklich erlebt. Es bleibt die Kirche und ihre Aufgabe, mit der sie aufs Ganze geht. Sie wird bleiben bis zu jenem Tag, wo die Geschichte dieser Welt endet und eine ganz andere, viel größere Geschichte beginnt.